FERNAND FLEURET

SUPPLÉMENT

AU

SPECTATEUR NOCTURNE

DE

RESTIF DE LA BRETONNE

CUIVRES ET BOIS ORIGINAUX
DE LABOUREUR

ÉDITIONS DU TRIANON

FERNAND FLEURET

SUPPLÉMENT

AU

SPECTATEUR NOCTURNE

HIC. F. D. R. PRESTIF.

FERNAND FLEURET

SUPPLÉMENT

AU

SPECTATEUR NOCTURNE

DE

RESTIF DE LA BRETONNE

CUIVRES ET BOIS ORIGINAUX

DE LABOUREUR

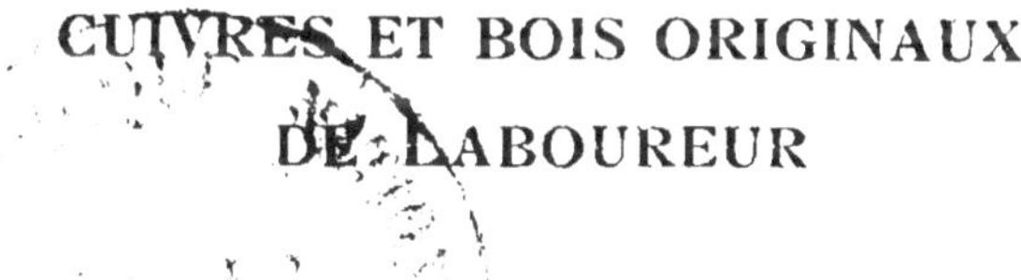

PARIS

ÉDITIONS DU TRIANON

5, Rue Campagne-Première, 5

MCMXXVIII

A Me MAURICE GARÇON
ATHÉNIEN DE PARIS
F. F.

ÉCLAIRCISSEMENT

Il y a quelque temps déjà, un homme se présenta chez moi pendant mon absence, et laissa entre les mains d'une domestique un rouleau manuscrit qu'il désirait soumettre à ma lecture. M'ayant attendu plus longtemps que la discrétion ne le permet, il se retira, non sans avoir écrit cette lettre singulière :

« Je m'adresse à vous, Monsieur, entre tant d'autres auteurs, parce qu'à travers les sarcasmes de votre abbé Lapin[1], je devine une profonde sympathie pour mon ancêtre Restif de la Bretonne. Je dois ajouter que votre abbé fait l'éloge de la

1. CF. *Histoire de la Bienheureuse Raton, fille de joie.* N. R. F.

police, à laquelle appartenait *M. Nicolas*, et que cette bienveillance me touche doublement : d'abord en qualité de petit-fils de celui qui figura comme premier sous-chef à la 2e section de la 2e direction, c'est-à-dire la *police secrète* de l'an VI, et se laissa affecter aux *lettres intercep-tées* ou *cabinet noir*. Elle me touche en-suite, dis-je, cette bienveillance, parce que j'ai suivi la même voie, autant par goût que par nécessité. Donc, la vieille curiosité de *M. Nicolas* et les obligations professionnelles m'ont poussé dans les rues, les squares et les parcs, aux heures où la plupart des gens que l'on quali-fie d'honnêtes éteignent la lumière et se livrent au sommeil. Ce sont quelques-unes de mes enquêtes que vous trou-verez consignées sur le papier et que je m'essaierai d'enrichir plus tard, si vous voulez bien me donner l'assurance que je puis continuer sans ridicule et sans provoquer l'ennui.

Il m'a semblé, Monsieur, que les *Nuits*

de Paris de mon grand-père Nicolas contenaient beaucoup trop d'histoires morales ou larmoyantes au gré de mes contemporains qui demandent surtout d'être amusés par un nouveau Diable Boiteux. Voilà pourquoi je donne les miennes en *Supplément* au *Spectateur Nocturne*[1], mais en cherchant toujours la vérité sans fard, comme il sied au descendant d'un célèbre observateur. Puis-je me flatter, Monsieur, de trouver une aide auprès de vous pour me pousser dans le monde des libraires, si vous pensez toutefois que mon petit ouvrage soit susceptible de se vendre? C'est que je suis père de huit enfants. Je les élève de

1. *Les Nuits de Paris, ou le Spectateur Nocturne,* Londres (Paris) 1788. « Dans le cours de vingts années, écrit Restif, que l'Auteur est Spectateur-nocturne, il a observé, pendant 1001 Nuits, ce qui se passe dans les rues de la Capitale. Néanmoins, pendant ces vingt années, il n'a vu des choses intéressantes que 366 fois... »

M. Edme Dupont, qui a moins vu qu'entendu, a su éviter une inutile prolixité. Il est vrai qu'il parle de continuer...

mon mieux avec le concours de ma très
digne femme, qui exerce le métier de
blanchisseuse à Clamart, et qui, depuis
près de vingt ans, est ma Muse — je dirai
presque cette touchante *Vaporeuse* à qui
sont racontées les *Nuits de Paris* par
mon ancêtre Restif.

Mais à propos, Monsieur, mes recherches m'ont fait découvrir que cette *Vaporeuse* aperçue par Restif à la fenêtre
de la rue Payenne, lorsqu'il sortait, vous
vous en souvenez, de la rue de Saintonge,
n'était autre que la marquise de Monconseil, maîtresse de Monseigneur d'Ar-
genson, Lieutenant de Police; et non la
marquise de Montalembert, comme le
pensait Paul Lacroix[1]. Ces recherches

1. Non seulement lui, mais aussi Paul Cottin,
commentateur de *Mes Inscripcions,* Plon 1889.
Et d'ailleurs Restif le dit lui-même, dans un passage de *M. Nicolas,* qu'il faut se garder de mal
interpréter : « Au commencement de 1787, ma tête
fermentait déjà pour les *Nuits de Paris,* qui ont
remplacé le *Hibou Spectateur nocturne...* Je me
trouvai... dans la rue Payenne... Vers le milieu de

dont je parle, je ne les ai pas faites aux Archives Nationales, où les dossiers de police sont, paraît-il, importants, mais

la rue, à ces petits balcons, les seuls qu'on y voie, j'entends soupirer... Je me redresse et vois une femme à laquelle je n'ose parler. Ce n'était pas la marquise de Mntlmbrt (Montalembert). Mais alors sa charmante idée s'amalgamait à ce que je voyais, et mon imagination s'échauffa... »

Restif a tracé le portrait de la marquise de Montalembert, femme du lieutenant général, dans l'*Année des Dames Nationales*, t. V. 1312. Il y parle de « son pied souple et délicat ». Il avait dîné avec elle chez Le Pelletier, le 30 avril 1784, et ne la revit, il est vrai, jamais, bien qu'il en fût éperdument amoureux. Dans *M. Nicolas*, il parle encore d'elle : « J'écrivis sur l'île Saint-Louis, au côté méridional de la pompe : *XXX Aprilis, formosam marchissam Mutlmbrt miratus sum. Videbo quid evenerit anno sequenti.* Cette femme charmante m'occupa sans cesse, mais comme les chimères qu'elle me suggérait et les châteaux en Espagne que je bâtissais à son sujet ont été réalisés dans les *Nuits de Paris*, j'y renvoie. »

Je suis bien fâché de contredire, à l'aide de Restif lui-même, et M. Edme Dupont et M. Léonce Grasilier, dont il est question plus loin. Quant à la semelle d'ivoire aux armes, elle prouve surtout que Restif collectionnait les chaussures. Ne voulait-il pas se faire enterrer avec la mule de Mme Parangon?

bien sur la semelle d'un soulier, un soulier, Monsieur, que les descendants de
Nicolas se sont pieusement transmis,
quoi qu'il ne soit pas la mule de Mme Parangon. C'est, avec plus d'exactitude, une
étroite semelle d'ivoire à haut talon de
même matière. Elle porte, gravée en
bistre, une cuisse d'homme d'où jaillissent
de furieux éclairs à la hauteur de l'aine,
et cela donne à penser quand on connaît
les effets d'un joli pied sur le tempéra-
ment de mon grand-père Nicolas... On
lit en exergue : *Virtutis stimulum.*

Sous le talon ferré d'argent, où sont les
armes de Pauline Rioult de Curzay, marquise de Monconseil, que Restif lui-même
nomme la *Marquise de M...,* est gravée
cette inscription parodique qui atteste
le rapport entre la petitesse du pied et
l'étroitesse de la « gaîne » : *Ad angusta
per angusta.* [1]

<hr>

1. On peut donner à cette devise une interpréta-
tion masochiste, vu les deux autres sens d'*angusta,*

Confirmé dans ma certitude par M. Léonce Grasilier, auteur d'un *Restif Inconnu*, je suis heureux, Monsieur, d'apporter un pareil témoignage, un témoignage matériel à l'histoire de *M. Nicolas*, si je n'ai pas du moins égalé son génie; et peut-être se trouvera-t-il quelque généreux admirateur pour l'acquérir et le faire triompher dans sa vitrine?...

Adieu, Monsieur, je reviendrai quelque jour, quand j'aurai jugé que vous avez pris le temps de me lire. Permettez-moi, pour vous indemniser de votre peine, de vous laisser un hibou dans sa cage. Il me vient aussi de mon grand-père Nicolas. C'est proprement celui qui voltige sur son chapeau, dans la gravure de Binet, celle du frontispice des *Nuits*. Hélas! je n'ai plus de quoi le nourrir, son extrême vieillesse requérant une chair d'agneau ou de volaille. Emblème de la sagesse et

le premier *gêne, souffrance*, le second *chose acérée, pointue*. Le dernier *angusta* se rapporterait au talon effilé de la chaussure.

de la sagacité, puisse-t-il vous inspirer longtemps encore, comme il inspira mon aïeul, et vous être un souvenir vivant de celui qu'en secret vous choyez assez, n'est-ce pas ? pour ne pas craindre de vous moquer de lui ouvertement.

C'est moi qui suis, Monsieur, votre très obéissant et très obligé serviteur.

EDME DUPONT. »

Je questionnai la servante. Elle me décrivit le visiteur sous l'aspect d'un homme trapu, de taille au-dessous de la moyenne, vêtu modestement et chaussé de ces souliers bosselés en Alpes qui font encore reconnaître la profession de *mouche* aux yeux les moins exercés. Elle ajouta que son nez était aquilin, que sa bouche charnue s'agitait sans cesse, et que ses yeux du plus beau jais jetaient un éclat inquiétant sous un front très développé, aux cheveux crépus et noirs. Peu s'en fallut qu'elle ne décrivît un Faune de la Fable. Je lui montrai alors le célèbre portrait de Restif dans son ovale de pierre. Il semble regarder par un œil-de-bœuf de la ferme de Sacy. Elle s'écria que c'était bien sa photographie. Mais quand j'enlevai le lambeau de lustrine qui recouvrait la cage du hibou, elle crut le voir réduit à l'état de rapace, cet être diabolique, et elle s'enfuit en se signant. Je ne savais que faire de cette bête taciturne qui me coûtait fort cher à nourrir. Si c'eût été un perroquet, il m'aurait au moins répété les entretiens de son maître et de la Marquise de M..., et peut-être pourrais-je confondre l'assertion erronée de M. Funck-Brentano sur la véritable prononciation du nom de *Retif,* où l'*e* n'est pas ouvert. Ayant attendu en vain la visite d'Edme Dupont, je confiai le hibou à un ami qui passait à Sacy, se dirigeant vers Auxerre, et je le suppliai de donner le vol en pleine nuit à ce vieux prisonnier, devant la ferme des Restif. Il retrouvera sans doute, sous le chaume paternel, des neveux ignorés qui le remettront au régime des souriceaux ainsi qu'au spectacle des mœurs patriarcales, comme il convient à un centenaire.

Je publie aujourd'hui ce *Supplément* inachevé aux *Nuits de Paris* parce qu'il me semble contenir quelques anecdotes curieuses et véridiques, mais sans que je sache encore si M. Edme Dupont est vraiment un petit-fils de Restif, ou simplement un mystificateur. J'aime mieux me persuader qu'en un fourré du Bois de Boulogne, l'un des derniers Satyres ricane de la prétendue parenté de Restif, et se promet de publier — *nec longa silentia feci,* — cette fois dans la langue de l'*Aloysia Sigea* que je ne me permettrai pas de traduire, les secrets colloques qu'échangent des ombres furtives...

F. F.

PREMIÈRE NUIT

J'AVAIS coutume d'aller faire un tour aux Halles, vers 2 heures du matin, pendant toute une semaine du mois d'août 192... En vérité, ma profession ne m'y attirait pas particulièrement, mais j'y venais me restaurer après avoir passé la nuit au Bois. Le plus souvent, une voiture de maraîcher que je hélais au passage, à la hauteur de la Porte-Dauphine, me transportait bénévolement au milieu des fruits et des légumes qui répandent une odeur nauséabonde. Cependant, la médiocrité de mes ressources me la faisait tolérer, et il y a parfois quelque chose à apprendre des maraî-chers, ou plutôt de leurs voituriers, qui sont souvent de « mauvais garçons » de campagne, dans le goût de ceux que mon aïeul Restif a dépeints au début de son *Paysan Perverti*. Une fois donc, je me trouvai en compagnie d'un homme sin-gulier. Il portait un bâton à crochet de cuivre comme en devaient avoir les Go-liards, et il s'accoudait dessus d'un air bon enfant. Des boîtes de fer-blanc pen-daient à sa ceinture, une mallette cloutée gisait entre ses jambes avec sa bretelle de corde, et une toile de sac, qui devait lui servir de couverture, passait en bandou-lière sur sa poitrine. Vêtu d'un velours délavé et couleur de terre, le cheveu et la barbe drus, il apparaissait aux rares et fugitives lumières comme le portrait du Chemineau, mais jeune, propre, puis-sant et sympathique.

Bien entendu, je liai conversation

avec lui pendant que le conducteur retombait dans son sommeil, confiant dans
l'instinct et la placidité de son cheval.
J'appris ainsi en quelques phrases sobres
qu'ayant aidé à charger le chariot, il avait
obtenu en salaire de se rendre à Paris, et
qu'il en repartirait à pied pour reprendre
le trimard.

Comme d'ordinaire les vagabonds con-
tournent les capitales et les grandes
agglomérations où la police ne les tolère
pas, et pour cause, je m'étonnai en moi-
même de ce séjour qu'il disait être su-
bordonné aux chances de trouver chez
lui un avocat à qui il souhaitait rendre
visite. Cet homme de robe demeurait rue
de l'Eperon. Il le nomma avec déférence,
et ce nom, fort connu du Barreau, éveilla
en moi des images de sorcellerie, de
sabbat, de pratiques bizarres où la religion est souvent mêlée si ce n'est la char-
latanerie, car ce jeune maître, érudit et
spirituel, s'est fait une spécialité de défendre ou d'accuser les sorciers, les gens

d'église et les savants qui vivent en dehors de l'orthodoxie religieuse ou scientifique. Je demandai donc en riant à mon voisin s'il était accusé d'avoir vendu du soleil en bouteilles comme le héros d'un procès alors récent, ou bien d'avoir jeté des sorts contre rémunération, ou bien encore d'avoir pris part à quelques sévices ténébreux contre un curé de campagne, en compagnie de dévots et dévotes plus ou moins hérétiques.

— Non, répondit-il sur le même ton enjoué et en découvrant des dents parfaites, d'une blancheur éclatante. Mais comme je vois que vous connaissez au moins de réputation mon aimable défenseur, j'ai bien envie de vous conter mon histoire. Vous me paierez la soupe, n'est-ce pas, et même un verre de vin, si ce n'est trop vous demander ? Et puis, j'aime mieux vous le dire tout de suite pour vous mettre en confiance, je ne suis pas un malhonnête, moi ! Seulement un gars qui ne peut pas rester en place et qui a besoin d'air. Alors, je donne des coups de main dans les fermes, j'aide l'un et l'autre, répare ceci ou cela, et on me donne à manger et à coucher. Puis, je m'en vais comme j'étais venu, par la route et en chantant. Bonjour, bonsoir! J'suis comme ça, moi! Mais y en a qui n'peuvent comprendre qu'on soye un homme libre et qui vous traitent en salaud. I'n'auraient pas assez d'fourches, de chiens et d'gendarmes pour vous mettre au derrière, vingt Dieux!... T'nez, vaut mieux en rigoler! Moi, d'abord, j'prends tout sur le ton d'la rigolade. Alors, ça biche pour la soupe et l'verre?...

— Oui, mon ami, fis-je. Prenez toujours du tabac, et allez-y de votre histoire. Vous m'êtes d'ailleurs très sympathique.

— Eh bien, figurez-vous, dit-il, — et je lui rends son langage naturel — que v'là deux piges, j'arpionnais l'trimard aux environs d'Mantes. C'était sur la tombée d'la nuit. Et une flotte à n'pas mettre un cleb dehors! Faut que je m'trouve un gîte, que je m'dis. Mais ça n's'e rencontre pas toujours facilement dans les pays civilisés. Ailleurs, plus loin, y a d'vieux fours à pain, des granges abandonnées, des masures, des ruines. Bref, j'finis par viser une lumière au fond d'un enclos. En approchant j'vis que c'était assez pa-lasse. J'frappe à la porte de ces pecnots. C'est l'patron qui m'ouvre, mais qui m'ouvre tout grand. D'ordinaire, vous sa-vez, on est assez méfiant : on vous pose des questions, le genou contre la lourde et un gourdin dans la main.

— Ben! entre mon gars, qui m'fit, comme si j'étais attendu, quoi!

Et moi qui m'étais un peu r'culé par question d'respect, je r'gardais d'dans avant d'entrer, en tendant un peu l'col, quasiment comme un chien qu'a pas en-core l'habitude d'êt'e caressé. Y avait là la mère et la fille près d'un bon feu où cuisait une soupe au lard, aux choux, aux fayots et aux pommes de terre, au-tant qu'j'en jugeai par l'odeur. Et puis une nappe de toile cirée à carreaux rouges, bien propre, avec des assiettes, des verres, des bouteilles, des couverts, le tout brillant et gentil! Et encore, un pageot dans l'fond, avec un bel éderdon rouge comme chez les ménesses de la rue Charbonnière, un oreiller, des draps blancs!... Ah, mince!... Vous n'pouvez pas savoir l'effet qu'ça produit, un lit, Monsieur, quand on couche dans la paille et plus souvent dans la saloperie. C'est comme qui dirait une belle femme grasse et blanche, une mémère qui vous inviterait à s'rouler sur son bide et ses tétons, dans la mollesse, la douceur, la chaleur, la bonne odeur de tout ça, vingt Dieux!...

— Alors, que r'fit l'type, tu veux pas entrer? Qu'est-ce que t'attends, mon gars?...

— C'est pas d'refus, patron, qu'j'i'dis. Mais j'aurais seulement voulu vous d'mander à pieuter dans la grange. J'vous aurais r'valu ça d'main en en mettant un coup, si y a besoin... Ben, j'vas toujours m'chauffer! que j'fis.

— Ben sûr! qui dit. Quand tu s'ras sec, t'iras dans la grange. Fais c'que tu veux...

Et la mère me pousse une chaise près de l'âtre. Et moi j'm'assieds dessus en demandant excuses. La fille m'avait pris mon bâton et tout l'fourbi, et posé tout ça dans un coin, près d'la porte. Et comme j'étais là d'vant l'feu et l'niasse sur la soupe, j'osais pas piper. Dans cinq minutes, que je m'disais, ils vont m'foutre à la porte pour briffer tranquilles. Vaut mieux rien dire et s'faire oublier. Mais j'sentais qu'i'm'zieutaient en dessous avec amitié ; qu'même i's attendaient d'moi quéqu'chose. Y avait jusqu'au matou qui m'faisait des gentillesses en s'frottant cont' ma jambe qui fumait et que j'osais pas r'tirer, crainte qu'on m'dise que j'dev'nais sec!

— Y fait un sale temps! que j'dis, pour voir tout d'même c'qu'i'diraient.

— Oui, sale temps! qu'i' reprirent tous en chœur et en s'asseyant à côté d'moi comme pour faire conversation.

A la fin, comme i'n'disaient rien et qu'i' paraissaient attendre mon boniment :

— Çà sent bon, vot'soupe! que j'fis. C'est du lard, pas, avec des choux, des fayots et des patates?...

— T'en voudrais? qu'fit l'patron. T'as dû avoir du ch'min pour venir? Va, mon gars, fais c'que tu veux...

— Faudrait p't'êt' ben s'attabler, dit la mère. Le gars s'mettra au bout. C'est pas commode de manger comme ça d'vant l'feu. Et puis c'est prêt. Autant qu'tout l'monde soye ensemble : on parle mieux, surtout quand on a d'quoi s'dire...

Alors on s'met à table, moi au bout entre le patron et la patronne. Et je m'mets à boulotter comme j'en avais la permission. Et vous savez, une soupe à pleins bords, et une soupe qui s'tenait, une soupe tout ce qu'y a de pépère! Ça s'ra pas comme la vôtre tout à l'heure, sauf le respect, Monsieur...

— Elle est bonne! que j'fis, en m'tor-chant l'bec, puisqu'i'fallait dire qué'qu' chose, rapport à c'que la mère avait dit qu'on parlait mieux comme ça, et qu'eux n'parlaient toujours pas !

— C'est-y qu't'en r'voudrais ? qu'fit le patron. Fais c'que tu veux...

Alors, j'm'en laissai r'mettre, s'pas ? Et puis, quand j'eus mangé c'te soupe chaude qui m'brûlait l'lampion, j'aurais bien bu un coup du pinard que j'voyais sur la table. Sûr que j'avais cligné du côté du kilo sans l'faire exprès, car l'patron m'dit :

— Tu boirais ben un coup, mon gars ? Fais c'que tu veux...

Alors, j'bois un coup. Mais faut vous dire qui s'mirent tous à trinquer avec moi d'autor.

— A ta santé, mon gars ! qu'firent le daron et la daronne.

— A votre santé ! qu'fit la fille, qu'avait un petit air hypocrite de d'moiselle bien éduquée chez les Sœurs des pensionnats. Elle était si gironde que je n'pouvais m'empêcher d'la r'luquer en buvant. Y avait pas d'mal à ça : c'était lui rendre la politesse.

Quand j'eus fini de boire, je m'tortillais sur ma chaise d'une façon embarrassée. Si je m'lève, que je m'dis, ça n's'ra p'têt' pas poli, si je n'me lève pas, ça s'ra tout d'même. Alors j'remuais ma chaise pour qu'on m'dise : Tu veux partir, mon gars? Fais c'que tu veux... Mais pas du tout! L'patron m'dit :

— Eh ben, es-tu content comme ça? T'as-t-i' encore besoin de quéqu'chose?

Alors, j'compris qu'ces bons types-là voulaient m'en mettre plein la lampe. Y en a qui s'embêtent entre eux, d'autres qui veulent faire profiter les autres, d'autres qui veulent vous épater. Je ne démêlais pas trop l'quel des trois ça pouvait être, mais j'me sentis résolu à tirer profit jusqu'au moment qu'on m'dirait: « Allez! t'as assez bouffé. Maintenant, fous l'camp! »

— Ben, que j'fis, j'mangerais ben un peu d'lard, avec vot'permission.

— Fais c'que tu veux! dit l'patron, qui n'avait qu'ça à la bouche.

Fais c'que tu veux, fais c'que tu veux... Alors, comme de juste, après l'lard à pleine assiette, je m'verse du pinard d'autorité, mais sans oublier les autres, et j'm'envoye du brie, des noix, des raisins secs et des confitures. Non, mais vous m'voyez, avec ma gueule d'empeigne, manger des confitures ? C'est tordant!... Et puis café, pousse-café, recafé et re-pousse-café. I'sont encore allés chercher une bouteille de schnique, mon vieux, de derrière les fagots, et tout exprès pour mézigue qu'avais l'conduit en pente! Mais je m'étais mis à jaspiner et à leur dégoiser des chansons parce que j'n'étais plus emprunté. Surtout qu'j'avais fini par m'douter qui d'vait y avoir erreur sur ma personne. Et j'te faisais des compliments et des rigolades à la p'tite, à qui l'dab et la dabiche disaient : « Ris donc, empotée! Il est gentil, l'gars! Et puis d'abord, i'fait c'qui veut... »

J'crois bien qu'il était pus d'minuit. On avait liché et boulotté tout c'qu'y avait dans la tôle. Alors, le patron m'fit :

— Maintenant tu pourrais p't'ête aller t'coucher? Qu'est-ce que t'en dis, mon gars? Parc'que d'main à l'aube, tu sais...

Tiens! que j'pensai, i'm'fout à la porte d'main à l'aube!... A moins qu'i'n'veuille me donner du turbin?...

Alors, je m'levai d'ma chaise, et j'me sentis pas très bien d'aplomb. J'avais les quilles à la déglingue, quoi!...

— T'as pus besoin de rien, à c't'heure? que r'prit l'autre. T'es content? T'as zu tout c'que t'as voulu, pas vrai?

Et le v'là qui s'met à tripoter une lanterne.

— Eh ben, non! que j'gueulai, avec un culot qu'était à son comble. Vous avez été si chouette que j'voudrais pager dans l'plumard. Vous n'allez pas me r'fuser ça?...

Et j'foutis ma main à plat sur la table pour leur faire comprendre que j'rigolais pas. C't'idée d'coucher dans un dodo, on m'l'aurait pas enlevée d'la tronche, d'autant que j'me sentais déjà la peau du chose qui m'chatouillait en dev'nant douce comme de la soye. Une idée d'homme bu, quoi!

— Ah bon! qu'i'fit? Faut pas t'fâcher, mon gars. Fallait l'dire plus tôt! Fais-tu pas tout c'que tu veux?...

J'étais saoul, mais, vingt Dieux! j'en r'çus comme un coup dans l'ventre. Alors, quoi? y avait plus d'limites, s'pas? *Fais c'que tu veux, fais c'que tu veux!*... J'aurais ben voulu encore aut'chose, mais, malgré tout mon culot, j'en étais à m'grat_ ter la bille pour trouver l'moyen d'dire ça qui n'pouvait pas sortir.

— Voyons, mon gars, qu'fit l'daron, maint'nant, t'as pus besoin de rien. Faut êt'raisonnable. T'as mangé la soupe, le lard, le fromgi, l'arton et l'reste; t'as bu du bon vin, du café, d'la gniole, t'aurais bu du champagne comme un trou si y en avait-z-eu, et t'as fumé plus d'la moitié du perlot à toi tout seul! Y a pus ren de ren, même que l'feu est clamsé. Et tu vas loufer dans nos draps!... Allons, bonsoir, mon gars! D'main à l'aube, c'est conv'nu.

Et les v'là qui s'en vont pour pagnoter à côté en portant une calbombe longue comme un vit d'chien. J'voyais bien que l'mec commençait à la trouver un peu forte de café. Mais, comme je m'dis : après tout, j'm'en fous!...

— Non! que j'repris tout d'une haleine pour me ramasser l'courage, puisque j'fais tout c'que j'veux ici, j'veux encore baiser vot'fille!...

Alors, la fille s'ensauvit pendant que l'père et la mère se r'tournaient sur moi, pâles comme des nouilles, les yeux sortis d'la tête et la gueule ouverte. Mêm' que les dents leur-z-i branlaient!...

— J'vous dis que j'veux baiser vot'fille, Nom de Dieu!...

Et j'foutais en l'air mon alpingue, ma limace, mon phalzar et mes grolles pendant qu'i'restaient là à s'tâter.

— Ben! fit l'patron qui m'vit entrer dans l'plum', puisqu'i' faut faire tout c'qui veut, y a pas, faut qu'elle y aille!... Ici Noémie, sacrée andouille! Assez chiâlé comme ça, hein? Et grouille-toi d'coucher avec le gars!... Et toi, qu'i' fit à la daronne, tu vas m'fout'e la paix, ou j'te mets une tarte de quoi qu't'iras porter des nouvelles!

Quand la fille fut dans l'lit, l'visage couvert de ses mains et pleurant à gros hoquets qu'ça commençait à m'fair'honte — encore que j'lui patinais les tétons, des p'tits tétons qui rel'vaient la tête, — v'là l'père qui fait :

— Ben, bonsoir, maintenant qu't'as tout c'que tu voulais!...

— Non! que j'fis. Vous êtes deux sacrés cons qu'allez vous coller à genoux devant l'plumard et réciter les litanies d'la Vierge pendant que j'vas dépuceler la môme!

Eh ben, ça qu'aurait dû les fair' roter, leur tourner les sangs, c'est c'qui parut les faire rentrer dans leur assiette! Et les v'là qui s'mettent à prier pour de bon et à voix haute comme à l'église, la daronne tenant la camoufle et son bouquin des dimanches. Ah! vingt Dieux! moi qui n'trouve pas toujours de bonnes occases, j'eus là un morceau de roi! Ell' chiâlait pus. Même ell' poussa pas un cri, mais ell' serrait les quenottes avec autant d'douleur que d'rage. Et moi, j'grondais comme un cochon, j'y allais pire qu'une bête. J'dis pire, parc'que les bêtes, ça n'en r'met pas, à part les zoiziaux...

Et vas-y, à l'épicemard, à la paresseuse et en levrette! J'en aurais inventé, que j'vous dis!... Ah! vingt Dieux!...

Après, j'tombai comme un'masse et j'm'endormis. Mais pas pour longtemps. C'est qu'leur sacrée horloge de bois, à quoi j'étais pas habitué, moi qui couche dehors ou dans l'pelard, s'mit à sonner avec un grand boucan de chaînes et de ressorts de tous les diables. « Mon brav' fieu, qu'je m'dis dans l'noir — faut vous dire qu'i'zétaient partis en douce, et qu'la poupée pionçait à côté d'moi en m'tournant l'dos, toute recrocqu'villée en chien d'fusil — mon brav'fieu, t'as fait là quéqu'chose qui va t'attirer des emmerdements quand l'jour va paraître... D'main à l'aube, qu'il a dit... Allons, ouste, et décanille sans tambour ni trompette!

J'm'habillai à tâtons, pris mon bardâ dans l'coin de la porte sans plus faire d'pétard qu'un chat qui s'lèche, et j'tirai gentiment la porte qu'était point fermée. Dehors, i'n'flottait pus. Aussi, j'allongeai mes fum'rons pour gagner du large. Et puis, je m'mis à chanter toutes les couillonnades de mon répertoire que j'leur avais dévidées.

Ben! ça a été comme ça pendant des mois, toujours content, travaillant d'ci, travaillant d'là. Puis, un an après — qui faisait beau, c'jour-là, bon Dieu! — je m'balladais par la cambrouse, la ch'mise ouverte sur la fale, et dégoisant sans penser à mal, quand v'là les cognes qui m'tombent dessus : « Papiers?... »

J'ai zu beau montrer des faffes en règle, et protester d'mon innocence, comme on dit, ils m'ont bel et bien embarqué jusqu'à Orléans. Là, j'ai su qu'j'étais accusé d'avoir abusé d'la fille Noémie Machin qui s'était trouvée enceinte et avait porté plainte contre inconnu, mais en donnant mon signalement. Jusqu'à un tatouage sur la poitrine que c'te petite garce a bien su voir, elle qui s'cachait la figure, et qu'les cognes ont bien r'péré... Vous pensez si j'les ai sortis, les *fais c'que tu veux*, de quoi l'daron m'rebattait les esgourdes. Mais ça n'a pas pris! On m'a dit: Mauvaise affaire ! Choisissez un avocat.

— Est-ce que j'en connais des avocats, moi? J'ai jamais rien fait!...

— Alors, on vous en coll'ra un d'office.

Avec un autre que celui qu'on m'a donné, j'étais frit. Ce gosse-là a bien démêlé le fin des choses, et il a fait rigoler l'tribunal avec mon histoire, ce qui n'nuit pas. Figurez-vous qu'mes idiots voulaient faire crever la vache du voisin, rapports à des bisbilles qu'ils avaient-z-eues ensemble. Alors, le dab était allé trouver, l'matin du fameux jour, un j'teux de sorts qui ne pouvait pas v'nir. Mais il avait dit : « Mon aide viendra c'soir à ma place ; faut exécuter tout c'qu'i'voudra. Aussi, tu lui diras : *fais c'que tu veux*, même si ça n'te va pas, à toi. Moyennant quoi i' manigancera des trucs et des simagrées tout'la nuit. Au p'tit jour, i' s'rendra sur la place où qu'est la vache, et elle crèv'ra sous ses derniers enchantements. » Alors, moi, j'arrive, on m'prend pour lui, à cause que j'ai l'minois du diable, et c'est comme ça qu'on fait tout c'que j'veux. Mais i'paraît que c'est quand que j'ai eu la fière idée des litanies qu'ça leur a r'donné confiance à tous. Ce mic-mac de r'ligion et de cochonn'ries était tout à fait dans la note sacrilège, qu'a dit l'avocat. *Sacrilège*, vous vous rendez compte ? C'est comme qui dirait l'langage et les façons d'un sorcier.

L'plus rigolo, c'est que l'daron est allé

voir au p'tit matin si la vache était bien crevée. Il a pensé qu'j'étais parti lui régler son compte après avoir si bien disposé l'diable. Mais la sacrée vache broutait comme trente-six. Alors, il a couru chez l'sorcier, les flûtes à son cou.

— Quoi! qu'i' lui a dit, ton aide est v'nu hier soir, crotté comme un barbet, même qu'on en avait la trouille, et j'ai fait tout c'qu'il a voulu. Il a mangé mon pain, mon lard et mon from'ton; il a bu ma sicasse et mon vin; il a même couché dans mon lit avec ma fille. Mais la sacrée vache est encore en vie! Si en vie, qu'elle a l'air de s'fout' de moi...

— Mon aide, que l'aut'fit, n'a pu v'nir hier, à cause qu'i' s'est foulé la ch'ville en s'rendant chez toi et qu'i' s'est couché pour huit jours. Y aurait-il pas là-d'ssous un contre-coup d'sorcier qu'ton voisin aurait appelé à la rescousse? Faudrait voir à tout ça...

Et comme la vache ne crevait jamais, notre homme qui n's'était pas vanté d'sa visite ni d'sa déconvenue, a bien dû avouer à sa femme c'qui s'était passé.

Mais c'est pas tout. Au bout d'un mois, v'là la gonzesse qu'a pus ses anglais, et puis la v'là qui enfle (c'était pas à moi d'lui laver la moule, pas ?). Alors elle engueule son dàb et sa dabiche.

— T'as d'salauds ! qu'ell' leur dit, pour faire crever un' vache qui n'est pas morte, vous m'avez fait dépuc'ler par n'importe qui, un ch'mineau, un rôdeur, un évadé du bagne ! Et maintenant j'suis grosse d'un salé dont personne saura jamais l'nom ! J'suis fraîche, à c't'heure, et vous itou, conséquemment !... Mais y a une justice, et ça n'se passera pas comme ça !... Et patati et patata...

Enfin, les parents, bien emmiellés par tant d'giries, conduisent leur fille porter plainte, ou la portent pour elle, comme elle était pas majeure. Seize piges, que j'crois. D'ailleurs ça s'voyait bien...

— Mais, dis-je, vous ne vous en êtes pas tiré sans quelque chose ?

— Moi? reprit mon compagnon. Je n'vous l'ai donc pas assez r'mâché? Rien, mais rien, nib de nib! C'est l'r'bouteux, l'sorcier, le j'teux d'sorts qu'a trinqué pour ses manigances « illicites », qu'on a dit. Tout ça, c'était d'sa faute, quoi! Alors vous comprenez, j'lui dois une fière chandelle, à l'avocat. Et c'est un gars tellement rigolo et pas fier! Il leur-z-i a dit que j'avais bien eu raison de profiter, qu'd'autres et même lui en auraient fait autant. Bref, qu'on s'rait rudement schnock de n'pas faire s'qu'on veut quand on vous y pousse des heures d'horloge... C'est pour ça que, tous les ans, quand j'passe du côté d'Paname, je n'manque pas d'aller l'voir. Et nous causons un bon moment. I'm'refile chaque fois du fric car i'croit que j'lui ai porté la veine. Mais dam, on ne l'trouve pas à coup sûr, comme quoi, j'attends des fois deux ou trois jours...

Nous arrivions aux Halles. On réveilla le conducteur et quelques instants après nous étions devant une bonne soupe à l'oignon et une bouteille de vin. Je fis encore raconter quelques courtes histoires à mon chemineau; l'autre y joignit des siennes. Mais elles n'entrent pas dans mon cadre. On me dira que celle du vagabond n'y devrait pas être non plus, bien que j'aie passé plus d'une heure d'une nuit de Paris à l'écouter. Du moins, j'ai voulu montrer par là qu'à Paris, où l'on trouve et l'on entend de tout, l'on peut être rejeté soudainement dans le plus profond des campagnes. Ah! comme mon aïeul Nicolas aurait aimé ce fabliau : il lui eût rappelé son village de Sacy! Et comme sans hésiter il l'eût mis dans son *Spectateur*, où figure bien l'histoire d'Epiménides de Cnosse! Qu'il soit donc un hommage à son amour de la vie rustique, et qu'à ce titre il soit placé en tête de mon petit livre, comme celui de ses beaux frontispices à portrait où l'on voit, aux quatre coins, une ruche, une géline et ses poussins, une javelle et un agneau.

DEUXIÈME NUIT

L E lendemain, je me trouvai encore aux Halles et au même endroit. Là, j'avais remarqué la veille, étant sur mon départ, un godelureau qui s'asseyait sans façon près des clients proprement mis, fêtards qui ne sauraient rentrer chez eux sans avoir corrigé le coûteux champagne de Montmartre par une simple soupe à l'oignon, une entrecôte Bercy et une bouteille de Beaujolais, ce qu'ils qualifient sottement de souper canaille. Le godelureau leur parlait en vers boiteux de sa façon, mais il eût été bien empêché de dire s'ils étaient héxamètres ou octosyllabes. J'avais cru reconnaître en ce quémandeur insipide un jeune « courtaud de boutanche », aurait dit mon aïeul, qui avait quitté son patron en emportant plusieurs centaines de cravates. Sans doute m'avait-il flairé, et, comme mon odeur ne lui disait rien de bon, il n'était pas revenu. S'il échappe à la police et ne se fait pas prendre plus tard pour d'autres méfaits, peut-être grossira-t-il un jour, où plutôt un soir, l'escouade de rimailleurs illettrés qui passent encore pour amuser, toujours sur le même air, les étrangers et les provinciaux dans les cabarets de l'Avenue.

J'en étais à ces réflexions satiriques et déplorais le bon temps des Collé, des Gallet et des Panard, où l'on savait écrire des chansons spirituelles sur l'air de la *Béquille au Père Barnabas* ou celui du *Menuet d'Exaudet*, quand je vis entrer un homme jeune de ma connaissance, que je rencontre souvent chez les bouqui-

nistes où nous nous livrons à notre passion, lui avec prodigalité, moi avec beaucoup de retenue. C'est ainsi que mon
grand-père Nicolas fit la connaissance du
fidèle Grimod de la Reynière, chez la
veuve Duchesne, libraire, le 22 novembre
1782. Me sachant petit-fils de Restif, ce
bibliophile me donna un jour le *Pied de
Fanchette* qu'il venait d'acheter, en me
priant de l'accepter avec toute l'expression
de l'intérêt qu'il portait au vieux Nicolas.
Quelque temps après, je pus lui rendre
sa politesse en lui adressant à domicile
l'édition Cazin de *Félicia* avec les gravures de Borel, dont il me remercia de
vive voix avec effusion. Depuis nous
conversons avec assez de liberté dans
les boutiques encombrées de livres.

Cet homme du monde, donc, que j'ap-
pellerai M. de Carolles, était en habit et
je m'étonnai qu'il fût seul. Je le lui dis
comme il demeurait rêveusement près de
ma table.

— Cela me permettra, ajoutai-je, si toutefois vous n'attendez personne, et si ma modeste compagnie vous agrée, de bavarder un peu avec vous de nos sujets favoris. Où en êtes-vous de vos acquisitions?

— Oh! fit-il en prenant une chaise devant moi, je n'en sais trop rien pour l'instant...

Et M. de Carolles lissa ses cheveux, retoucha le nœud de sa cravate devant la glace insultée d'inscriptions, et fit une petite moue à l'aspect de ses paupières un peu fatiguées.

— En fait d'acquisition, reprit-il après un silence et en tapotant une cigarette contre la table pour en tasser le tabac, je suis tout à celle que je viens de faire, mais qui est d'ordre expérimental, n'ayant rien à voir avec les livres. Elle aurait causé, pourtant, le bonheur de Restif!...

— Alors, dis-je, intéressé, contez-la-moi. Quoi de plus opportun?

— Après tout, reprit-il, autant à vous

qu'à tout autre. Et peut-être n'oserai-je jamais la conter dans le monde par discrétion, même sans nommer personne. D'ailleurs, j'en userai de la même sorte avec vous, cela va de soi. Garçon, deux entrecôtes et une bouteille de Chablis!... Laissez donc ce Beaujolais de côté, cela sent trop la cuve! Vous sortez du théâtre, sans indiscrétion?

— Heu, oui! Rien d'intéressant. Et vous, cher Monsieur?

— Oui, je sors des Français. Mais je suis stupide, car il est très tard, ou très tôt. Enfin, de là, je suis allé ailleurs... Au fait, c'est mon histoire que j'entame. Eh bien, figurez-vous, que, depuis une dizaine d'années, j'étais amoureux d'une femme à qui je n'avais jamais pu le dire. Impossible même de lui écrire sans la compromettre. De plus, je la croyais très attachée à son mari, lequel, à divers titres, mérite qu'on l'estime et qu'on l'aime. Oui, sa jalousie mise à part! Car c'est un tyran de jalousie! C'est pourquoi, je n'avais jamais pu approcher sa femme dans le monde. Toujours là! Quel insupportable!...

— Je crois, interrompis-je, que vous avez aussi une réputation qui éveille la défiance et la justifie. Non?...

— Enfin, reprit M. de Carolles sans s'arrêter à ma remarque ni tirer d'elle aucune fatuité, me trouvant à une soirée où cette femme récitait des vers, du Baudelaire, en particulier, je cherchai le moyen de lui parler un peu plus longuement que d'habitude lorsque le moment fut venu de la féliciter. J'attendis donc d'être le dernier à lui baiser la main. Le mari jaloux était entrepris par plusieurs personnes qui faisaient cercle autour de lui, et au milieu d'une seconde enceinte de badauds qui entouraient les uns et les autres. Il lui était donc impossible d'échapper aux compliments et de fendre la foule. J'en profitai. L'accent que je mis à féliciter cette femme la surprit de la part de quelqu'un qui n'avait jamais trouvé rien à lui dire, pensait-elle, et son

étonnement fut au comble quand je lui
avouai avec précipitation que j'attendais
cette minute depuis dix ans. Elle comprit.
Alors, j'osai lui donner un rendez-vous
pour le lendemain. Je me sentais bête
comme un débutant, mais elle accepta et
s'empressa de se fondre dans tout ce
monde à la recherche de son jaloux.
Quant à moi, je m'éclipsai. Sa main,
qu'elle avait retendue à mes lèvres, avait
un peu serré la mienne. J'étais fou de
joie! Je me reprochais pourtant de n'a-
voir pas eu plus tôt cette audace, bien
que les occasions ne s'en fussent pas
présentées. Mais enfin, elles se présentent
toujours quand on les cherche opiniâtré-
ment. Et, de toute évidence, cette femme
m'avait remarqué depuis longtemps.
Peut-être même avait-elle pensé... Car
enfin une indifférente de sa classe n'aurait pas accepté une entrevue demandée
à brûle-pourpoint? Lui avais-je seulement dit une seule phrase en dix ans?
Et je me revoyais à ma vingtième année,

quand je la rencontrai pour la première fois chez des amis. J'en étais devenu amoureux sur-le-champ, cependant elle ne prêtait aucune attention au jeune homme, plein de respect et de ferveur, qui la dévorait des yeux dans son coin et en fit la dame de ses pensées. Alors, vraiment, ce rêve ancien allait se réaliser? Elle n'avait pas changé. Mais moi, j'aurais voulu être le même qu'autrefois, avec un cœur sans corruption ni fatigue. Saurais-je, pourrais-je l'aimer encore telle que je l'avais désirée? Et le temps, qui n'avait pas modifié sa taille ni ses traits, lui avait-il conservé ce que j'aimais en elle? Illusions, sans doute, et ce serait peut-être une tout autre femme que j'allais découvrir?

Le lendemain elle était au rendez-vous, devant le séminaire de Saint-Sulpice. C'était au temps de la foire Saint-Germain. Il y avait, dans une clôture « fortifiée » faite de toile peinte et de planches, des highlanders qui menaient un grand

tintamarre de cornemuses, de grosse
caisse et de tambours, et qui tournaient
sans arrêt à l'intérieur. Je les contem-
plais de la porte en attendant, et je cherchais le rapport qu'on avait tenté d'établir
entre ces Écossais et la foire Saint-Germain. Était-ce en souvenir de Marie Stuart ?
Quel intérêt avais-je à me poser des questions aussi stupides devant un spectacle
qui ne l'était pas moins ? Celui de mas-
quer, de retarder cette certitude que la
femme que j'attendais ne viendrait pas.
Mais elle vint, avec une heure de retard et
n'ayant qu'un quart d'heure à m'accorder. Et pendant ce quart d'heure, défense
de lui parler d'autre chose que d'amitié,
de camaraderie, de balivernes. Je ne suis
pas si naïf que de croire qu'une femme
accepte des rendez-vous pour s'entendre
débiter de ces fadaises. Je me promis
donc d'attendre, d'effaroucher un peu
moins ses principes et de lui devenir plus
familier. La seconde et la troisième fois,
on m'accorda plus de temps, et j'arrivai

à lui parler davantage d'amour. Mais elle m'écouta avec tant de scepticisme, moi qui n'avais jamais été aussi sincère, que je crus n'en rien obtenir qu'après une cour extrêmement longue, difficile, et peut-être dangereuse : le mari, vous comprenez, les relations, qui pourraient nous rencontrer et qui nous empêcheraient de nous asseoir à une table de thé. Enfin, plus tard, où la conduire? Chez moi, impossible! Mais la conduirai-je jamais quelque part? Comme j'étais malheureux au milieu de toutes ces incertitudes!... Et j'invoquais le dieu Hasard qui, sans forme ni figure, n'a pas d'oreilles pour nous entendre.

Aujourd'hui, ce soir, j'avais une loge aux Français. Je savais que son mari était absent pour un jour et que des raisons majeures lui avaient interdit d'emmener sa femme. Comprenez que ses charges le forçaient d'accompagner une personnalité qui, que... Mais vous ne saurez rien. Je lui téléphone, elle est libre, elle accepte, elle vient, mais avec l'assurance préalable que nous sommes seuls, que la grille de la loge restera en place, et ma parole que je me tiendrai bien. J'étais à la fois désolé et transporté d'aise. Dans la loge, je lui prends la main; elle la retire. Je lui parle avec passion, et lui rappelle que, depuis dix ans...

— Vous attendiez cette minute! Oui, je sais, vous me l'avez déjà dit, mon ami. Mais laissez-moi écoutez la pièce, elle m'intéresse. D'ailleurs, je dirai à mon mari que je suis venue ici avec une amie qui voudra bien me couvrir. Et cette pièce, il faudra que je la lui raconte, que je lui parle des comédiens et des comédiennes, n'est-ce pas? Je n'ai pas beaucoup d'imagination, voyez-vous! Pour la seconde fois, retirez votre main...

Je fus docile, craignant de tout gâter. Mais mes yeux couvraient ses beaux bras de caresses, ses petits seins, que, malgré la pénombre de la loge, j'apercevais quand elle se penchait, et surtout ce joli dos que la mode découvre davantage, ce long sillon du dos que j'aurais voulu semer de baisers. Tantôt j'étais assis, tantôt j'étais debout, et elle trouva que j'étais insupportable. Cela dura pendant deux actes, y compris les entr'actes, car la discrétion nous empêchait de nous montrer. Nous ne parlions de rien d'autre, en ces intervalles, que du talent des interprètes ou de leur médiocrité, du peu de mérites de la pièce à laquelle elle avait dit s'intéresser, et aussi des amis communs qui faisaient ceci ou cela. Je montrais de l'esprit et me trouvais bête, mais elle daignait rire.

Au début du trois, elle me dit :

— Écoutez, mon ami, je crois qu'il serait prudent de sortir, maintenant qu'il n'y a plus personne dans les couloirs. Je devine le dénouement, j'en ai assez vu et j'aurais pu partir avant la fin. Je vous promets de marcher un bon bout de chemin avec vous. Ensuite, vous me mettrez dans une voiture. Aidez-moi...

Je lui mis son manteau en effleurant le cou, les épaules et les bras, qui étaient d'une fraîcheur exquise, et je respirai son corps de tout près, qui sentait le muguet après la pluie, une odeur chaste et puérile.

Nous descendîmes sans rencontrer personne. Pour ne pas passer devant les cafés de la place, nous remontâmes la rue de Richelieu. J'aurais bien aimé, cependant, longer les quais de la Seine jusqu'à la gare des Invalides, et contempler cet admirable et mélancolique spectacle du fleuve noir planté de pieux de lumière, avec les dômes et les hautes masses d'ombre qui s'élèvent sur ses bords et me font penser aux palais de la lagune vénitienne. Là, peut-être, dans cette solitude, cette sécurité des quais, sous leurs peupliers frémissants, j'aurais pu la tenir à mon bras, la serrer contre moi et lui prendre un baiser? Et je revoyais un kiosque de tramway près de la porte voûtée du Louvre, où, il y a vingt ans, j'attendis une jeune fille qui ne se donna jamais. Mais je l'avais embrassée pendant une heure, j'avais tenu sa gorge dans ma main et j'avais égaré ma caresse jusque dans la touffe naissante de son aisselle. Quelle cassolette!... Comme vous sentiez bon, Aziyadé! Car vous étiez Turque, et je vous avais donné ce nom. Maintenant, je ne me souviens plus du véritable. Il s'est évaporé avec votre odeur!... Et j'aurais tenté de revivre les mêmes instants en compagnie de cette autre femme qui marchait à mon côté en frappant le sol de ses petits pieds retentissants.

— Vous boudez? mon ami, fit-elle en tournant vers moi des yeux pleins de malice et de coquetterie.

— Mais non...

— Alors, à quoi pensez-vous?

— A vous, parbleu!...

J'aurais dû dire à l'Amour. Mais je ne la trompais qu'à demi.

Une fille, devant nous et sur l'autre trottoir, se livrait allègrement à son métier, ralentissant le pas quand elle devait croiser un homme et se retournant sur lui quand elle avait jugé qu'il dût lui-même se retourner. Mais elle reprenait sa marche dansante sans montrer de dé-pit ou de lassitude, et elle balançait un sac à main d'une manière qui décelait le peu de soucis de son esprit.

— La malheureuse! fit ma compagne. Comment peut-on tolérer que des femmes se livrent à cette profession dégradante! Que de colères couvent dans ces seins offerts à tout venant!

— Mais non, chère amie, répondis-je, il n'y a nulle colère, croyez-le bien. C'est une école littéraire, aujourd'hui démo-dée, qui vous apitoie encore sur les filles. La plupart se sont livrées au stupre de leur plein gré. Mais, que dis-je! pour elles il n'y eut jamais de honte. Et si vous connaissiez celles des maisons closes, elles vous diraient qu'elles y sont très heureuses. Ne s'y livrent-elles pas tout leur saoul au plaisir, à la boisson, au tabac, au libertinage des actes et des paroles? Pour la plupart, elles sont belles, et on les confirme maintes fois par jour et par nuit dans la certitude qu'elles ont de leur beauté. Beaucoup même se défendent d'avoir un souteneur, afin de n'être pas entravées dans leur vie voluptueuse par un amour exigeant qui les dégoûterait par trop des autres hommes. Si vous pouviez les voir et les entendre, vous en seriez assurée...

— Mon mari, reprit-elle, ne m'y ayant jamais conduite, je suis bien obligée, sinon de vous croire, du moins de ne pas vous contredire.

— Il ne faudrait pas imaginer, fis-je, que tous les maris ni tous les amants soient de même. Les uns, surtout les premiers, y conduisent l'objet aimé qui tend à s'enliser dans la sécurité, dangereuse pour l'amour, du foyer conjugal. Là, une « femme honnête », s'il vous plaît, se rend immédiatement compte des dangers qu'elle peut courir en se « laissant aller », et elle conçoit du même coup tous les soins, les coquetteries, les attitudes, les agaceries auxquels, s'il n'est pas trop tard, elle ne manquera pas d'avoir recours pour réveiller les désirs. Ce sont le poivre et les épices qu'elle oubliait depuis trop longtemps, et dont peut-être elle n'a pas fait assez d'usage au bon temps des « petits soupers ». Cette atmosphère voluptueuse des nudités et des fards suffit à celles qui ne se sont pas négligées mais qui s'endorment parfois dans l'habitude du bonheur.

Quelques autres de ces maris et de ces amants, y cherchent aussi certaine perversité. Ils jouissent du spectacle du plaisir sur un visage qu'ils n'ont pas toujours le loisir d'observer, quand cette volupté, ce sont eux qui la donnent. Imaginez, enfin, tout ce que vous voudrez dans cet ordre. Je n'ose pas, voyez-vous, vous dépeindre toutes les belles inventions du *De Figuris Veneris*, ni vous parler des sombres plaisirs de ces mélancoliques qui

aiment à posséder une autre femme devant la leur, ni des amères délices que
celle-ci peut en ressentir. Mais, tout libertinage à part, si j'ose dire, il y a là quelque
chose de salutaire pour la durée d'une
liaison. C'était du moins une des utopies
que se promettait de développer mon
cher Guillaume Apollinaire; il se croyait
moraliste à ses heures. Après tout, je lui
en laisse la responsabilité...

Il y a un autre sentiment que celui de
la luxure, à laquelle votre incrédulité réduit, je le crains, ma fragile argumenta-
tion, et qui pousse la majorité des femmes
à connaître ces endroits, ne fût-ce qu'une
fois, repris-je avec plus d'astuce — car,
depuis quelques instants, je rêvais de
conduire cette femme irréductible dans
un mauvais lieu, et j'y mettais maligne-
ment toute ma volonté. Ce sentiment,
repris-je, c'est la curiosité. Quoi?... voilà
des maisons où l'on aime, et elles vous
sont défendues, des maisons où vos maris ont peut-être perdu la fleur de leur

adolescence, où ils vont encore, vous le redoutez, en compagnie de leurs amis, au sortir d'un dîner d'hommes au cercle ou ailleurs. Et les caresses qu'ils reçoivent là, les caresses qui les attirent, vous n'êtes pas sûres de les connaître ou de les pratiquer comme il convient. C'est intolérable! Oui, ces femmes dont la seule fonction est de vivre pour l'amour, même vénal, vous voudriez bien les contempler de près dans leur nudité appétissante, les questionner, voire les câliner comme des chattes langoureuses, des chattes mystérieuses, — de belles bêtes, au fait, qui n'ont peut-être pas de secrets.

— C'est seulement cette curiosité dont vous parlez, me répondit-elle, encore qu'elle soit assez confuse, pour ne pas dire trouble, qui me ferait désirer de les connaître...

— Eh bien, fis-je, qui vous en retient?...

— Rien, si ce n'est votre attitude envers moi quand nous y serons. Vous me jurez, n'est-ce pas, de ne pas vous départir de celle que vous avez observée jusqu'à maintenant.

— Je le jure!... Taxi!... Rue Blondel!...

Je ne savais plus l'adresse exacte, n'étant pas très familier de ces endroits où mon ami Francis Carco se rendrait les yeux fermés. J'en appelai donc aux connaissances du chauffeur. Il daigna sourire à peine et me conseilla de « ne pas m'en faire ». Dans la voiture, je me tins de façon exemplaire, parlant de choses et autres. Ma compagne regardait sans m'entendre les arabesques de publicité lumineuse qui transforment Paris nocturne en une gigantesque joaillerie de la Renaissance italienne. Mais je ne cherchai pas à pénétrer les pensées qui l'assaillaient en ce moment, et dont la honte d'avoir cédé ne devait pas être absente, ainsi que l'appréhension de l'inconnu. Quant à moi, je sentais bien, malgré la promesse que l'on m'avait demandée de tenir, que, s'il ne passerait rien encore entre nous, cette visite créerait une com-

plicité de laquelle je saurais bientôt tirer
parti sans avoir beaucoup de résistance à
vaincre. Mais, ce que je me mis à redou-
ter, fut l'impression que feraient sur ma
compagne ces filles qui ne sont pas fleu-
ries de tous les attraits que j'avais tant
vantés, et dont la vulgarité pouvait éclater dans un de ces riens qui la décèlent
aux yeux d'un être raffiné. Alors, j'aurais
été perdu sans retour. Et m'allait-on
prendre pour un de ces débauchés gros-
siers qui répugnent à l'amour délicat?
En pesant mes chances, les bonnes et les
mauvaises, je finis par m'apercevoir qu'aucune des premières ne l'emportait, et
j'en conçus une grande, une terrible timi-
dité. Le trouble physique qui en est la
conséquence m'empêcha de m'apercevoir
que le chauffeur s'était trompé de porte.
J'étais dans le couloir d'une maison de
dernier ordre, et ne m'en rendis compte
que lorsque l'hôtesse nous vint offrir ses
services. Mais je n'osai avouer mon erreur,
et je précédai ma compagne dans l'étroit

escalier qui conduisait à un petit salon assez misérable. Nous nous assîmes sur des fauteuils à pendeloques comme il s'en voyait chez nos grand'mères. La monnaie du pape et des roseaux desséchés ornaient la cheminée de chaque côté d'un « Maître-Adam » très troubadour, en bronze doré, qui servait de pendule, ou plutôt n'en servait plus, l'horlogerie naïve et pusillanime s'étant arrêtée au bruit du canon du 24 février 1848. Des chromolithographies représentant des odalisques et une vue du Vésuve figuraient aux murs, encadrées de sparteries décolorées. Il y avait aussi des éventails chinois déployés aux deux coins supérieurs d'une glace atteinte de la cataracte. Un divan de velours, vert émeraude du temps de Gavarni, et qui avait essuyé plus de bottes de lanciers que le paillasson du Bœuf à la Mode, se tassait dans un angle comme une bête maussade qui veut continuer son sommeil. Et ce salon, que je cessai par dégoût d'inventorier, sentait à la fois la poussière, le savon, la cigarette éteinte, le fard et la moiteur charnelle. Ces dames parurent au nombre de six ou huit, la plupart relevant leur gorge à deux mains. La patronne les accompagnait et nous priait de choisir. Assez embarrassé, je cherchais à lire dans les yeux de ma compagne celles qui lui agréeraient le mieux pour converser, et peut-être les voir se livrer au tribadisme. Mais, à mon regard interrogateur, elle répondit qu'elle m'en laissait le soin. L'effet que j'avais redouté s'était produit! Il me fallait désormais rompre la glace, et je tremblais rien qu'à l'idée de prendre une décision. Enfin, je choisis deux filles que mon trouble m'avait empêché de remarquer : l'une, blonde à l'air doux et rieur, grasse mais de formes parfaites et aux seins admirables; l'autre, brune et mince, presque enfantine, qui se tenait appuyée contre la première, et dont les petits tétins ressemblaient, comme le dit Casanova de ceux d'une fillette, « aux cornes naissantes d'un jeune veau ». J'ai toujours goûté cette expression tout homérique et d'une justesse remarquable.

La patronne s'enquit de ce que nous voulions boire. Je demandai des menthes vertes et lui fis signe que je désirais lui parler à l'écart.

— Je suis très ennuyé, lui dis-je derrière la porte. Je n'avais aucunement l'idée de venir chez vous avec cette amie qui n'est même pas ma maîtresse. Je voudrais qu'elle regardât ces dames se caresser, mais je ne sais comment m'y prendre pour l'engager à « monter ». Je crains, d'autre part, que ces dames ne disent ou ne fassent quelque chose qui la choque, et alors ce serait une brouille mortelle entre nous. Vous avez vu vous-même combien mon amie est peu familière avec les maisons dans le genre de la vôtre. Avez-vous une idée qui me tire d'embarras ?

— Oui, répondit-elle, j'ai tout compris de votre cas. Vous avez tort de trembler

ainsi, remettez-vous, et ça ira tout seul.
Ces dames sont bien élevées; elles vous
donneront satisfaction. Quant au reste,
je m'en charge. J'ai l'habitude, vous savez!
Ça ne tardera pas!... Et la preuve, c'est
que vous pouvez me payer la chambre,
la passe de ces dames et les consomma-
tions tout de suite. De cette façon, vous
ne choquerez pas Madame par la vue
de l'argent, le marchandage du plaisir,
comme on dit. Merci, Monsieur, c'est
bien comme ça... A tout à l'heure, et
soyez sans crainte.

Je rentrai un peu réconforté par cette
grosse mafflue qui n'avait pas l'air sot et
montrait tant d'expérience. Mais je tremblais encore en élevant mon verre. Ma
compagne paraissait avoir pris son parti
devant les deux filles qui s'empressaient
à lui plaire dans la mesure de leurs
moyens : une politesse naturelle et sans
feinte, une gaieté discrète voisine de
l'enjouement, et une soumission qu'elles
n'auraient pas eu besoin de s'efforcer de

faire paraître, tant elle ressortait de leurs gestes, de leurs voix, de leurs regards, de leurs prévenances. J'offris des cigarettes, elles nous donnèrent du feu. Si l'on voulait boire, elles tendaient le verre et le reprenaient après pour le poser sur le plateau. L'une et l'autre vantaient leur union avec une réserve charmante, se caressaient la gorge et les flancs en se tenant debout devant nous. Je renchéris sur leur gentillesse, et ma compagne acquiesça avec grâce.

— Messieur dame, fit la patronne qui était entrée doucement, la chambre vous attend. Voulez-vous vous donner la peine de monter?

Elle poussa devant elle les deux filles. Ma compagne se leva comme subjuguée, et je la suivis sans rien dire. Ah! je m'étais fait bien du mauvais sang pour un résultat si rapide et si simple! Je suis encore un enfant, pensais-je, au regard de cette tenancière qui ne s'embarrasse pas de psychologie mondaine. Parbleu!

elle avait raison : quand on consent à venir ici, on est prête à tout...

Je n'en étais pas très sûr, mais je voulais m'encourager dans le mal, aurait dit le poète des *Femmes damnées*.

Nous nous trouvâmes dans une chambre tendue de rose qui contenait un lit, un fauteuil, une armoire à glace, un lavabo et le petit meuble de Vénus. Ma compagne s'enfonça dans le fauteuil d'où l'on ne pouvait rien observer de ce qui se passerait dans le lit; à voir son air résolu de n'en pas bouger, je n'en tirai pas bon augure. Les filles « si bien élevées » commencèrent de tout gâter par l'excès de leur zèle. L'une après l'autre, assises sur le petit meuble, procédèrent aux jeux de Lesbos par des ablutions interminables et à grand renfort de savon et de serviettes-éponges. J'étais navré, mais je n'osais leur faire remarquer l'incongruité de leurs gestes, sûr de n'être pas compris par ces nymphes de robinet qui se donnaient ostensiblement beaucoup de mal.

Je me mis entre elles et ma compagne afin de lui dissimuler ce spectacle. Elle tenait obstinément les yeux baissés sur le bout d'un petit pied qu'elle remuait avec impatience. Ce clapotis d'eau suppléait aux images grotesques que je voulais cacher par celles qu'il faisait naître, et j'en étais littéralement malade. Enfin, les deux amies se couchèrent et demandèrent qu'on les regardât s'étreindre et se caresser. Ma compagne qui ne pouvait les voir de sa place leur tourna le dos, pour bien me marquer que l'idée seule d'un tel spectacle la dégoûtait désormais. N'ayant pas de quoi m'asseoir, je me mis à ses pieds, lui baisai les mains qu'elle m'abandonna avec une tristesse infinie, et lui demandai pardon à voix basse de l'avoir conduite en un lieu si infâme. Mais, répétai-je, ne l'avez-vous pas voulu ?

Cependant, un bruit de baisers lesbiens s'échappait sans mystère de ce lit abominable, comme pour ruiner l'efficace de mes regrets et de mes serments.

Soudain, ma compagne se leva. Je crus qu'elle voulait partir et la retins par le bras avec des supplications.

— Dites d'abord à ces filles de s'en aller, fit-elle d'un ton irrité.

Je fus vers elles. La brune jouait le rôle de la Philaenis de Martial qui *medias vorat puellas*. La blonde, le corps tendu, la tête renversée, le cou gonflé à rompre, le ventre houleux comme la mer, *« les bras jetés au loin comme de vaines armes »*, paraissait libérée de ce bas monde. Je leur répétai à plusieurs reprises de s'en aller, mais elles opéraient pour leur propre compte depuis que l'on avait paru les mépriser. Enfin, je touchai la main de la belle passive et lui réitérai mon injonction. Elle en parut aussi étonnée que si elle fût sortie d'un songe. Je tirai quelques billets de ma poche et les jetai sur le lit. Alors, elles comprirent et s'en furent d'un air hagard et comme titubantes de leurs travaux.

Je me trouvai seul en présence de ma

compagne. J'attendis, tête basse, le flux des paroles et des injures. Oui, je m'étais donné les gants d'un fameux libertin! Quelles femmes avais-je donc fréquenté jusqu'ici, ou pour qui l'avais-je donc prise?... Et, le temps d'un éclair, je me revis à vingt ans, tout consumé d'adoration pour cet être exquis qui m'avait rendu poète par les seuls vers que j'aie jamais écrits. Ah! si j'avais pu lui faire agréer mon amour, serais-je tombé jusqu'à semblable dégradation?... Non, je serais encore son amant, rien ne nous aurait séparés!... Et j'allais m'écrouler à ses genoux, oui, là, dépouillant toute crainte du ridicule, tout sentiment de l'opportunité!

Au lieu de ce que je redoutais, j'entendis sa voix estompée de lassitude, mais d'un accent si simple, si simple!...

— Carolles, déshabillez-vous, et venez près de moi...

Puis, sans un baiser, elle éteignit la lumière.

Je fis comme elle me l'avait dit, avec précipitation, le cœur battant à éclater. Au froissement des étoffes et du linge, au bruit de ces choses légères jetées à terre, je compris qu'elle faisait de même. Nous eûmes fini en même temps, et en même temps nous nous précipitâmes dans les bras l'un de l'autre, nous étant trouvés d'un seul coup malgré l'obscurité. Alors, mordu à la bouche et rendant la morsure, et tous deux gémissants, je la jetai en travers de cet ignoble lit, où je la possédai avec fureur. Le même sentiment nous submergeait l'un et l'autre au fort de cette étreinte : celui de l'indignité du lieu, et nous tâchions de surmonter son onde écœurante qui menaçait de nous séparer et d'ensevelir notre amour. Mais les images des deux filles nues revenaient sans cesse, Sirènes qui tentaient de nous entraîner dans l'abîme de la honte. La possession définitive luisait dans nos esprits comme un feu splendide et sauveur qu'il nous fallait atteindre au plus vite. Aussi nous redoublions d'efforts, pareils à des naufragés qui vont périr. Enfin, nous abordâmes ensemble au port des délices en confondant nos cris. Pourtant la violence de notre plaisir se doublait d'une partie égale d'horreur et d'amertume. Pour la combattre, nous épuisâmes toutes les caresses, et nous nous reprîmes encore sans parvenir à dissiper ce malaise qui semblait s'être attaché à nous pour toujours!

Nous ne nous étions pas encore dit une parole et cependant nous connaissions nos pensées. Mon amie rompit la première cette réserve :

— Je ferai tout ce que tu voudras. Mais pardonne-moi, je n'ai pas l'habitude...

Ainsi, elle avait comme moi deviné qu'il faudrait nous accommoder du stupre abominable qui accompagnerait dorénavant notre amour, et elle faisait sa part avec résignation.

— Non, non! essayai-je de protester. Jamais, jamais plus!...

Et je la pris dans mes bras pour la bercer. J'aurais voulu sentir ses larmes humecter ma poitrine et j'aurais souhaité pleurer moi-même. Mais notre état nous apparaissait sous un jour trop lucide. A qui mesure son chagrin d'une seule étendue et avec exactitude, les larmes sont refusées. Nous restâmes donc longtemps ainsi, moi n'osant reparler de mon amour, pour ne pas exposer ses replis secrets à l'atmosphère empoisonnée de cette chambre; elle, pour ne pas dire des mots inutiles après le sacrifice qu'elle venait de me faire. Au bout de longs instants de repos et de méditation, elle me pria de donner de la lumière. Elle pensait qu'il fallait que je la visse toute nue, là où les filles s'étaient étreintes, où des milliers de couples les avaient précédées. Mortification volontaire qui n'était pas exempte du goût de l'opprobre que nous avions fait naître!

Alors, pour la première fois, sur un lit de lupanar, je contemplai le corps admirable de la fière et hautaine bien-aimée. Il ressemblait exactement, ce corps juvénile, à celui de la *Maja* du Prado. Au lieu du sourire et des yeux grands ouverts de la Maja, je trouvai le masque clos de l'orgueil humilié, mais où se confondaient les pourpres de la honte et du plaisir.

*
* *

M. de Carolles se tut. Le poing contre la tempe et les yeux fermés, il pleurait.

Voilà un homme, pensais-je, qui n'est pas aussi mauvais, aussi perverti qu'il le pense lui-même : d'autres auraient conté cette aventure en fanfarons.

— Et la suite ? fis-je, comme il essuyait ses yeux et tentait de s'excuser par un triste sourire.

— Oh! la suite... Enfin, nous descendîmes. Je n'en tirai plus un mot. Dehors, je m'occupai de trouver une voiture. J'en hélai une au bout de la rue, et revins sur mes pas, croyant que mon amie m'avait d'abord suivie, puis s'était dissimulée aux passants dans l'ombre d'un porche. Pas du tout, elle était restée sur le seuil, en pleine lumière, la lumière de la lanterne rouge!

— Mais vous avez perdu la tête! lui dis-je. A quoi pensez-vous de rester là?

— A rien! répondit-elle tristement.

Dans la voiture, j'essayai d'en tirer quelque chose, mais elle ne répondit ni à mes questions, ni aux baisers qu'elle esquivait, ni même aux pressions de ma main dans la sienne. De guerre lasse, je respectai son silence, et nous parvînmes ainsi jusqu'à sa porte. Elle descendit sans accepter mon aide, et me dit simplement adieu en me donnant son gant à baiser.

— Je vous écrirai, ajouta-t-elle.

Et puis, je vins aux Halles, dans l'intention de m'étourdir avec des fêtards. J'eus honte d'ajouter une profanation à une autre, et c'est pourquoi j'entrai chez ce marchand de vins sans apparence, où je ne voyais personne sinon vous. Mais, dites-moi, m'écrira-t-elle vraiment? Non! à présent que sa raison n'est plus troublée, elle me méprise, n'est-ce pas?

— Mais non!...

— Quoi! vous croyez qu'elle m'aime encore, qu'elle m'aimait auparavant, qu'elle m'aimera toujours?...

— Mais oui, liaison dangereuse!...

TROISIÈME NUIT

LA nuit suivante, j'étais assis, vers 9 heures, sur une chaise de fer de l'Avenue des Acacias, regardant passer les piétons et les voitures, un peu avant l'organisation secrète du plaisir. Il y avait là d'assez nombreux couples parfaitement ignorants des débauches nocturnes qui se préparent entre initiés dans cette allée, au point que quelques-uns avaient amené leurs enfants ou leur vieille mère. Je connais également des personnes de mœurs beaucoup moins austères que celles de ces paisibles promeneurs, qui demeurent sceptiques sur ce genre moderne de bacchanales, si l'on peut dire, auxquelles se mêlent des aegipans et des satyres en vestons. Mais ils le resteront jusqu'au jour où quelque affilié leur révélera les moyens de crocheter les portes du mystère, et j'emploie ici un terme beaucoup trop fort.

Je fus tiré de mes réflexions par la vue du peintre Morand qui, depuis plusieurs années, prend ses repas dans le même restaurant que moi, rue Jacob. Je lui ai souvent procuré de très beaux modèles, et je l'ai tiré une fois d'affaire au sujet d'un scandale de rapins, à l'issue du Bal des Quat'z-Arts. Ces petits services ont fini par créer une sorte de camaraderie entre nous, d'autant qu'il est assez liant. J'ajoute que je taquine un peu le pinceau à mes moments perdus. C'était aussi la distraction favorite d'un exécuteur des hautes-œuvres que j'ai connu, et qui, pour signature, ajoutait à

son prénom le nom *de Paris,* en souvenir de l'ancienne métonymie, *M. de Paris,*
qui désignait le bourreau...

M'ayant déjà aperçu, Morand se dirigea
de mon côté. Force me fut d'accepter sa
compagnie et de renoncer à mes investi-
gations. Je le fis néanmoins sans maus-
saderie, car c'est un homme intelligent
et toujours plein d'anecdotes, la plupart
sur l'amour. J'étais loin de me douter
que j'allais provoquer une confidence
analogue à celle de la veille.

— Quoi? lui dis-je, la dernière fois que
je vous ai rencontré rue Jacob, vous
m'aviez dit que vous vous prépariez à
partir pour la campagne. Même vous me
fîtes vos adieux, et je vous souhaitai bon
travail. Il y a bien de cela huit jours?

— C'est vrai. Mais étant tombé amoureux, je suis resté... Resté pour partir
demain. Dupont, je suis vraiment trop
malheureux! Et malheureux par ma faute.
Ce soir, je suis venu cherché ici de la solitude, de la mélancolie et de la fraîcheur.

J'aime à voir se lever la lune au-dessus de ces arbres quand les promeneurs se font rares... Mais savez-vous seulement à quelle heure elle se lève, Dupont?

— Ma foi non!

— Moi non plus! Enfin, je suis venu pour remâcher mes pensées, avec ou sans lune... Eh bien non, je suis venu pour voir si je ne *les* rencontrerais pas...

— Et si vous *les* rencontrez? Allons, mon bon ami, que vous méditiez une vengeance ou que vous cherchiez à accroître votre douleur par une certitude, cela n'est digne ni de vous ni de votre âge. Dans le premier cas, je vous jure que je ne vous laisserai pas agir, dans le second, vous feriez mieux de satisfaire au chagrin tout en l'allégeant, soit de me confier vos peines. Ce qui revient à dire que dans l'un ou l'autre je ne vous quitterai pas.

— Non, je ne venais pas pour me venger. De quoi me vengerais-je, Dupont, puisque c'est moi qui *lui* ai donné cette femme? Du moins, je la *lui* avais prêtée...

— Prêtée? Est-ce que l'on prête une femme? Quelle inconséquence! Ou plutôt, fis-je, me ravisant et lui serrant le bras, quelle aberration!

— Oui, quelle aberration! Pourtant, j'aimais cette femme, Dupont, et c'était la seconde fois que je la voyais. Car, comme le disait Wilde, qui s'y connaissait en aberrations : « chacun tue ce qu'il aime. » Chacun des fous dans son genre, aurait-il dû ajouter, qui sont les esclaves d'une sensibilité excessive. Que dis-je! ils en sont les artistes : ils jouent sur ce clavier les choses les plus douces, les plus tranquilles, les plus aimables ou les plus légères, mais il faut soudain qu'ils leur fasse rendre les accents déchirants dont ils s'enivrent. C'est que la douleur s'impose à eux avec sa voix puissante ou ses insinuations profondes. Que de fadeur dans la paix, que de frivolité dans la joie! Comprenez-vous cela, Dupont?

— Oui, mais je l'expliquerais avec

moins de poésie. Un certain Sacher Masoch...

— Ah! de grâce, laissez-le, ou je ne raconte rien. Parler de lui ou de Sade, voyez-vous, c'est faire éclater la grimace d'un pédantisme abject au milieu de passions qui sont vieilles comme l'humanité et qui ne confinent pas nécessairement aux extrêmes, à la laideur, comme celles de vos deux « cliniciens ». Étais-je masochiste, par exemple, quand, sur le déclin de mon enfance, je jouais avec un petit bateau qu'un marin m'avait construit quelques années auparavant, et que je le détruisis, un beau jour, à coups de hache, tout en versant les larmes les plus amères? Je le détruisis, Dupont, parce que je *savais* que, quelques mois après, je ne m'intéresserais plus à lui, devant dépouiller l'enfant pour l'adolescent, et que je lui préférerais des jeux de bruit et de violence. Alors, je l'abolis pour le regretter, lui et les joies que j'avais encore à en attendre. Autrement, je me serais détaché de lui comme je l'avais fait de jouets plus puérils, une poupée bretonne, une petite tortue de carton peint qui agitait sa tête et ses pattes sous un couvercle de verre, que sais-je encore? Au moins, me disais-je, la souffrance que je ressens sera le plus sûr véhicule du souvenir, puisque les joies que j'éprouvais avec ma poupée et ma tortue ne le sollicitent pas et ne rappellent strictement à mon esprit que leurs formes et leurs couleurs. De même, voyez-vous, Dupont, devrait-on quitter une femme que l'on aime en plein éclat de la passion, et la quitter sans retour, après une scène terrible. Mais l'homme n'a peut-être pas le courage de l'enfant, ou plutôt la vie ne s'étend plus à perte de vue devant lui...

Tenez, avec votre masochisme, vous m'avez fait dérailler! Mon bateau n'a aucun rapport avec la maîtresse que je viens de perdre. Ne me collez donc plus d'étiquettes, mon cher : je n'aime pas trop que l'on sache ou même savoir d'où je viens, si je ne sais trop où je vais...

Je laissai Morand poursuivre, sans relever ses incohérences, et je me promis de ne plus l'étiqueter. La lune montait au-dessus des arbres et formait avec eux un paysage romantique, mais de ce « romanticisme » encore voisin des classiques, qui est déjà dans Rousseau, et que l'auteur de *La Chartreuse* aimait écrire à l'anglaise.

— J'avais donc possédé une femme rencontrée la veille pour la première fois dans un dîner mondain, reprit Morand. A peine étais-je entré dans le salon, où elle se trouvait encore seule avec la maîtresse de maison, que je m'aperçus que je l'aimais et que j'eus la certitude qu'elle serait à moi. Non que j'aie la fatuité de croire irrésistibles mes artifices de séduction, mais parce que je lus dans ses yeux, avant même d'avoir parlé, qu'elle partageait mon sentiment. Me trouvant à côté d'elle à table, j'eus tout le loisir de l'entreprendre. Bientôt sa jambe s'enlaçait

à la mienne, et, à la fin du repas, j'obtins
une entrevue pour l'après-midi du lendemain. Je me souviens que je lui parlai à
haute voix, car l'on attire l'attention bien
davantage par le tête-à-tête; d'ailleurs,
les autres sont si occupés à raconter leurs
histoires, ils font un tel bruit, que les
voisins n'entendent ni ne remarquent
votre colloque.

Elle vint à 2 heures. J'avais ma mère
chez moi : faute de mieux, je menai ma
conquête dans une chambre d'hôtel, où
elle ne fit aucune difficulté de me suivre.
Là, je connus des voluptés nombreuses
et d'une qualité qui ne se rencontre pas
souvent. Cette femme avait des sens,
mais elle m'aimait aussi. Enfin, je vous
passe tout ce que nous nous racontâmes,
qui n'ajouterait rien à l'assurance que je
vous donne que je l'aimais et qu'elle
m'aimait. Nous décidâmes, en nous quittant, de nous rejoindre quelques jours
après, exactement dans la nuit d'avant-
hier. Mais comme je ne trouvai pas l'hôtel

digne d'abriter nos amours, je lui donnai rendez-vous dans l'atelier d'un ami avec lequel je suis à tu et à toi. Nous avons fait nos études ensemble à l'Ecole des Beaux-Arts, et cela remonte au père Bonnat. Si je n'avais pas déjà conduit ma maîtresse chez lui, au lieu de la traiter si cavalièrement, c'est que je n'aurais pas eu le temps de prévenir cet ami qui demeure loin et n'a pas le téléphone.

Enfin, je ne pouvais brutalement m'imposer à lui.

Quelle idée diabolique me passa par la tête en frappant à la porte de l'atelier ? Pourquoi, moi qui aimais cette femme que je croyais digne de respect, la traitai-je alors en conquête facile, en femme de plaisir ?

— Mon vieux, dis-je à mon ami, que je n'avais pas vu depuis assez longtemps, je viens te demander l'hospitalité pour une partie de la nuit, à telle date. Je ne resterai que jusqu'à minuit. Et tu sais, une femme, mon cher !... Dis donc, je voudrais t'associer à nos plaisirs. Mais comme je ne me suis pas encore entendu avec elle à ce propos, et que je n'aurais pas osé le faire, je ne l'en préviendrai qu'à une heure tardive. Si elle dit oui, je passerai à 11 heures un petit papier entre la porte et le chambranle. Si elle dit non, comme je le redoute, je ne mettrai rien, et tu iras faire un tour en attendant minuit, heure à laquelle tu pourras rentrer dans ton atelier vide.

— Eh bien oui, dit-il. Il en sera comme tu voudras et comme elle voudra. Mais tu sais, mon cher, je ne crois guère à ce genre d'aventure, bien que cela se fasse beaucoup depuis quelques années, dit-on. Et cela s'appelle une...

Il prononça un mot argotique dont il est souvent question dans l'allée où nous sommes. C'est une raison pour ne pas le répéter. Mais, à vous dire le vrai, il me fait horreur depuis hier.

Nous dinâmes ensemble, mon ami et moi. Lui montrait toujours une grande incrédulité, et aussi une légère humeur parce que je le forcerais sans doute d'attendre jusqu'à minuit.

— Dans mon quartier, soupira-t-il, je n'ai qu'une ressource de tuer le temps, celle d'aller au cinéma! Il faut que j'aie bien de l'amitié pour toi! Tiens, voici la clef. Tu la mettras dans telle cachette, près de la porte, afin que je puisse rentrer chez moi quand tu n'y seras plus. Mais surtout n'oublie pas! En ce cas, j'irai carillonner chez toi et faire une peur affreuse à ta vieille mère. Adieu, et bonne chance, débauché!...

A 9 heures, croisant devant la porte, j'accueillis ma maîtresse d'un jour qui descendait de taxi, et je la conduisis dans l'atelier dont elle fit mine d'admirer les toiles pendant que je l'embrassais partout où je pouvais. Nous ne fûmes pas longs, pourtant, à grimper dans la soupente et à nous caresser sur le lit. Mon ami avait bien fait les choses : il y avait un en-cas sur une petite table, avec une bouteille de porto, des gâteaux secs et un seul verre. Nous nous promîmes d'y faire honneur, mais je pensais secrètement que nous l'y ferions à trois, malgré le scepticisme de l'hôte. En attendant, je faisais honneur au beau corps couleur d'ambre que je tenais dans mes bras; je m'en repus au point que nous passâmes à la conversation, qui est un repos dans un nouveau plaisir en compagnie d'une femme intelligente et enjouée.

Durant tout le temps de l'amour, j'ose vous avouer que je m'enivrai de ce vin amer : voir un corps qui m'appartenait ployer sous la force d'un autre et recevoir les mêmes caresses dont j'avais été prodigue. J'en arrivai presque à la fureur, comme si je n'avais voulu lâcher la proie que j'allais abandonner de ma propre volonté, ou comme celui-là qui, devant se donner la mort, se repaît gloutonnement de la vie pendant les dernières heures qu'il s'est données. Mais je goûtais surtout l'insidieuse douleur d'avoir bientôt

à souffrir et mon esprit impatient s'éver-
tuait à imaginer la scène, me représentant à ma place mon ami dévêtu.

Ces choses-là, voyez-vous, Dupont,
devraient plutôt rester dans le domaine
des idées, de la chimère. Il faudrait aussi
que les femmes qui consentent à écouter la confession de ces faiblesses viriles
— je pèse bien mes termes — n'aient pas
à leur tour la faiblesse ou la curiosité
d'y céder. Ou bien encore, qu'elles
fussent bien sûres d'elles-mêmes en y cé-
dant. Mais est-on jamais sûr de rien, les
uns et les autres, et peut-on toujours ré-
sister aux suggestions de l'esprit? Ou
bien alors, l'anonyme qui passe et ne
se retrouvera pas. C'est pourquoi des
femmes, en ce Bois même, s'abandonnent
aux Satyres sous la protection de leurs
maris. Ne cherchez pas d'autre explication, Dupont. Et quand vous m'aurez
parlé de *vice*, vous n'aurez rien expliqué.
Un vice (comme vous diriez), un vice
si répandu, doit bien correspondre à

quelque chose qui appartient à la nature
de l'homme, lequel aime de vivre dange-
reusement. Peut-être y a-t-il dans le sentiment qui m'occupe et me paraît naturel, comme un lointain ressouvenir de
l'âge des cavernes, quand le mâle ainsi
désarmé n'était jamais sûr qu'un autre
mâle moins favorisé ne vînt pas lui ravir
sa femelle. Je ne saurais bien vous expliquer comment cela a pu devenir une
recherche de l'esprit, peut-être à cause
de l'assurance de civilisé qu'il se donne
que la possession de la proie par un autre
ne sera qu'un simulacre. C'est à peu près
le même plaisir que nous prenons à la Tra-
gédie et que les acteurs eux-mêmes peuvent y prendre, quelquefois avec de vraies
larmes : c'est-à-dire que nous savons que
le drame n'est qu'une feinte. Mais nous
désignons à la Postérité l'auteur qui
nous donne le plus le sentiment vrai des
passions et le comédien qui reproduit le
mieux l'apparence du réel.

— Autrement dit, interrompis-je, vous

vous jouez un drame à trois, parfois une comédie légère. Mais vous ne prenez pas garde qu'il arrive que l'un des trois, que dis-je! les trois ensemble, se prennent au sérieux? Et n'a-t-on pas déjà vu, sur les scènes d'illusion dont vous parlez, des acteurs enfoncer pour de bon le poignard que l'on n'avait pas pris la peine de rendre inoffensif? Dans les salles de spectacle, il se trouve aussi des gens assez abusés pour prendre parti, d'autres, plus abusés encore, pour faire un mauvais parti au rôle antipathique...

— Quoi qu'il en soit, reprit Morand, je demandai nonchalamment à ma maîtresse ce qu'elle ferait au cas où mon ami viendrait nous surprendre. Elle parut étonnée de ma question et réserva sa réponse. Je m'étendis alors sur le sujet que je lui présentai comme un badinage à la mode qu'il fallait dissocier de l'amour. Elle répondit qu'elle accepterait les caresses de mon ami, à condition qu'il ne lui déplût pas outre mesure et qu'il se conduisît avec délicatesse. Elle me demanda encore de le lui décrire ; le bien que je lui en dis, les exemples de sa peinture qu'elle voyait pendus la rassurèrent, et elle se prit à agréer cette aventure comme ne devant pas avoir de suites, un libertinage passager. Alors, je me levai, insérai entre la porte et le chambranle extérieur le petit papier dont il était convenu, et déposai la clef dans la cachette. Dehors, une pluie d'orage se déversait en rebondissant. Je revins m'étendre au côté de ma maîtresse. Elle ne m'en voulut pas d'avoir préparé la rencontre, puisqu'au terme de l'accord nous aurions pu partir à minuit sans attendre personne.

Son acceptation réveilla mes forces et je la possédai une fois encore. Onze heures étant passées, je crus que mon ami ne viendrait pas. Mais, une demi-heure après, j'entendis son pas et la clef tourner dans la serrure. Il demeura en bas quelques minutes. Je l'appelai, il ne tarda pas à paraître, nu comme un athlète.

le corps frais et rosé de l'ablution froide qu'il venait de prendre. Ma maîtresse, en l'entendant entrer, avait rejeté son bras sur ses yeux et ramené le drap sur elle. J'arrachai ce drap qu'elle tenait avec mollesse, et livrai son beau corps à la vue de mon ami. Il ne put se tenir d'admiration et poussa des cris qui ne m'étonnèrent pas d'un artiste, mais qui, par leur durée, me firent douter de sa sobriété ou craindre pour sa raison. Celle qui était l'objet d'une si flatteuse et si bruyante surprise laissa retomber son bras et rétablit pas ce geste toute la séduction de sa personne. Alors, elle et lui s'étant vus dans les yeux, se mirent à pousser des exclamations et des rugissements comme s'ils s'étaient attendus depuis des années en souhaitant la minute orageuse qui dût les jeter face à face, et ils s'étreignirent avec sauvagerie. Ils s'étreignirent ainsi, ne cessant de crier et faisant craquer leurs corps, pendant un temps infini. Cependant, ils ne se pénétraient pas et restaient immobiles. Je tentai de les désunir et de leur parler, mais rien n'y fit. De guerre lasse, je me jetai à bas du lit, me vêtis sommairement, allai boire coup sur coup quelques verres d'eau, et fis ruisseler aussi ma poitrine, mon dos et mes bras, car je sentais la folie de ces deux-là commencer de me tourmenter, mais sous les espèces de la jalousie, de la déconvenue et de l'impatience. J'entendais bien souffrir, mais avec toutes les réserves que je vous exposais tout à l'heure et tous les ménagements que réclame l'amour-propre. Cependant, on me plaçait devant l'irrémédiable. Et qu'avais-je à m'en plaindre? Tout au plus pouvais-je invoquer la courtoisie, mais j'aurais été ridicule devant ces forcenés pour qui rien ne comptait plus que la passion, et qui continuaient de faire retentir l'atelier de leurs cris et de leurs gémissements.

Revenu près d'eux, je tentai de leur parler avec douceur comme on parle

à des déments. Lui ne la possédait toujours pas.

— Laisse-la-moi! me cria-t-il sans dé-
tourner la tête pour me regarder. Laisse-
la-moi! Tu vois bien que cette femme
est à moi!

— Alors, prends-la! lui criai-je. Pourquoi ne la prends-tu pas?

Et, disant cela, poussé par une force
contraire à mon cœur, j'aiguisais à nouveau le poignard qui m'avait déjà percé.

— Va-t'en, va-t'en, soupira-t-il comme
s'il se retenait de me faire de la peine,
comme s'il s'excusait d'une fatalité qui
l'unissait à cette femme. Tu vois bien
que c'est ta présence qui m'en empêche!

— Voyons, fis-je en m'asseyant sur le
bord du lit, c'est toi mon obligé, et c'est
moi, maintenant, que tu repousses?

Je n'osai ajouter : pour une femme...

— Mais tu serais dix fois plus mon ami,
s'il était possible, que je n'y pourrais
rien! Cela est plus fort que moi! Je t'en
demande pardon!... Mais va-t'en, je t'en

supplie ! Laisse-la-moi ! laisse-la-moi !...

J'étais atterré par la sincérité de ses expressions, et par la douleur qu'il devait ressentir de ne pouvoir posséder l'objet de tant d'amour. Mais, en laissant de côté un acte qui n'aurait rien prouvé en la circonstance, je commençais de me demander avec anxiété lequel de nous deux l'aimait le plus. A en juger par la spontanéité de son sentiment, par la sauvagerie qu'il mettait à l'exprimer, ce garçon d'ordinaire si doux, si détaché, c'était incontestablement lui.

Je m'adressai à elle qui buvait ses baisers les yeux fermés. Sans doute, le souvenir encore frais de nos étreintes la ferait répondre avec plus de ménagements.

— Vous oubliez, lui dis-je, que vous devez être rentrée peu après minuit. Il s'agit pour vous d'une réputation à sauvegarder. Je vous en conjure, soyez prudente ! Habillez-vous, et quelle que soit l'affection que vous portiez à mon ami, quelque résolution que vous dussiez prendre, je tiens à cœur, en galant homme, de vous déposer à votre porte. Je descendrai même durant le temps que vous vous habillerez et vous laisserai avec lui, car je vois bien, hélas ! qu'il n'y a rien de plus à vous demander, ni à l'un ni à l'autre !

Elle se détacha doucement et prit la chemise que je lui tendais, la chemise que je respirai une dernière fois avec une déchirante volupté.

Je finis de m'habiller à la hâte, mais, au lieu de descendre, je marchai de long en large. Lui s'habillait à son tour sans rien dire.

— Je pense, fis-je avec une visible irritation, que tu auras au moins l'élégance de me laisser seul la reconduire ?

— Oui, dit-il, assez durement. Mais la rue n'est plus qu'une mare boueuse. Je la porterai dans mes bras et j'attendrai qu'il passe une voiture pour l'y déposer, si toutefois il en passe...

— Je la porterai bien moi-même! répondis-je.

— Tu n'es pas assez fort!

Je voyais très bien où nous mènerait un tel point de départ de discussion, et j'épargnai à mon ami des remords, une humiliation futurs. Je dois avouer, toutefois, que sa force dépasse de beaucoup la mienne, mais ce n'est pas à cela, je le répète, que je m'arrêtai. Fallait-il ajouter, par la violence de gestes ou de paroles irréparables, à ce qui venait de se passer et dont la grandeur étrange nous laissait les uns et les autres dans une sorte d'hébétude? Vous riez, Dupont? Vous me trouvez emphatique? Eh bien, mon ami, si vous aviez vu ces deux êtres s'affronter en hurlant, vous trembleriez encore devant le masque qu'avait revêtu l'Amour. Fassent les Dieux qu'il m'apparaisse encore sous les mêmes traits, mais cette fois pour m'être propice, et je consens d'expirer dans les bras où il m'aura poussé!...

Après tout, j'avais péché contre cette femme, et ma révolte déraisonnable m'eût rendu plus odieux encore. Mais lui étais-je odieux? Elle me regardait avec la douceur d'une fillette et semblait demander de l'indulgence pour une chose qui avait dépassé la volonté d'un homme. Allais-je lui reprocher sa faiblesse, ses sens, sa trahison? Sa trahison! lequel d'elle ou de moi avait trahi ou semblé trahir l'autre? Ne lui apparaissais-je pas comme un libertin? Quelle preuve pouvais-je lui assurer de mon amour dépouillé de sa fureur charnelle? Non, voyez-vous, je n'avais rien à dire, n'ayant pas de droits à faire valoir.

Enfin, mon ami ouvrit la porte.

— Je te demande encore pardon, fit-il avec plus de gentillesse. C'était plus fort que moi! Non, il ne faut pas m'en vouloir!...

Et il prit ce corps jeune dans ses bras pour le porter comme il l'avait dit. Il ne pleuvait plus, mais nous avions de l'eau et de la fange presque jusqu'aux chevilles et l'on y voyait confusément. Assez, toutefois, pour qu'il me fût possible de discerner le visage de gravité qu'avait repris mon ami, et sur lequel l'ombre répandait sa douceur. Il marchait sans ployer sous son fardeau, le torse un peu rejeté en arrière, et cette attitude ajoutait une grande fierté à sa démarche. Elle est bien à lui! pensais-je tristement, convaincu par la calme allure du vainqueur et par le confiant abandon de sa proie qui lui passait un bras autour du cou et reposait la tête au creux de son épaule, comme prête à s'endormir.

Nous marchâmes ainsi une cinquantaine de mètres, au bout desquels un taxi déboucha sur nous. Je l'arrêtai, et, me penchant, donnai l'adresse à mi-voix, pendant que mon ami déposait son fardeau.

— Adieu! me dit-il, la main tendue. Et veuille me pardonner encore!...

Ils ne s'étaient pas embrassés, et je m'efforçais de croire que, ne connaissant ni son nom ni son adresse, lui ne la reverrait peut-être pas. Ma maîtresse — oserai-je encore lui conserver ce nom? — se tenait dans son coin sans mot dire, mais je sentais bien qu'elle appréhendait l'explication inévitable.

— Qu'avez-vous fait? m'écriai-je. Pourquoi m'avoir traité avec tant d'indifférence? Vous ne pouviez ignorer le chagrin que me causaient vos cris et vos embrassements. Car vous vous donniez tout entière, bien qu'il n'ait pu vous prendre. Je crois que je n'ai jamais autant souffert de ma vie!

— Mon pauvre ami, me dit-elle en m'embrassant tendrement, je ne croyais pas que vous dussiez souffrir! Au ton que vous prîtes pour me parler de libertinage sans conséquence, j'ai cru comprendre qu'il y avait beaucoup de libertinage dans votre cas, et qu'en somme, malgré tout ce que vous m'aviez dit précédemment, vous n'attendiez pas autre chose de moi. Je considérais donc comme une faiblesse de vous avoir cédé la première fois, — oh! une faiblesse sans repentir... Mais pourquoi m'avoir jetée dans les bras de cet homme? Pourquoi vous-même avoir fait cela?

Alors, je lui exposai tout ce que vous savez et que vous étiquetez pour vous dispenser de réfléchir et de plaindre. Mais j'ajoutai que je ne poussais pas le goût de la douleur plus loin qu'un léger simulacre, et que je ne voulais pas la perdre. Elle soupira.

— Ne craignez pas, dit-elle, que je ne vous comprenne pas. Ce n'est pas le premier homme qui me parle ainsi : j'ai perdu un mari dans les mêmes circonstances. Pour tout dire, il m'a forcée d'en aimer un autre. Qu'est-il arrivé? Inutile de poursuivre, n'est-ce pas?...

Je tremblais que cette fois il n'en fût de même.

— Comptez-vous revoir mon ami? fis-je sans détour.

— Pendant votre courte absence, il

m'a dit qu'il voulait que je dînasse avec lui demain... Mais je n'irai pas! non, je n'irai pas!...

Je crus un instant qu'elle s'était reprise et je sentis un baume divin fondre dans mes veines. Je la pressai contre moi. Elle me caressa avec douceur et je laissai aller ma tête contre son sein en pleurant comme un enfant. Mais ses caresses s'adressaient bien à un enfant que l'on console. C'était moi qui m'abandonnais à elle, et non pas elle à moi.

— Oui, repris-je, redevenu incertain, jurez-moi que vous ne le reverrez pas! Quoi! il veut que je lui pardonne, mais il a pris un rendez-vous. C'est indigne, et je ne lui pardonnerai de ma vie!

— Eh bien! fit-elle en se dégageant, je ne peux ni mentir, ni aimer deux hommes à la fois. Je le reverrai demain, et vous, je ne vous verrai plus qu'en ami. Peut-être un jour m'apercevrai-je que je n'ai satisfait qu'un caprice!... Mais pourquoi m'avez-vous fait connaître cet homme? Et pourquoi le Hasard a-t-il fait que ce fût celui-là même dont j'ai toujours rêvé?... Ami, vous m'en voulez, maintenant? Vous allez m'injurier, me battre, que sais-je?... Faites ce que vous voudrez, mais je l'aime, je l'aime!...

Elle tamponna ses yeux de son mouchoir, et elle en étouffa les cris d'amour qu'elle ne pouvait retenir. Comme l'autre, « c'était plus fort qu'elle ». Et, comme tout à l'heure, il n'y avait rien à dire ni à faire. Allais-je lui reprocher de m'être brûlé au feu que j'avais allumé? Mais j'étais envahi par le désespoir, incapable de bouger et de dire un mot. Le taxi s'arrêta. Il en était temps, car nous ne pouvions plus rester l'un à côté de l'autre, aussi étrangers l'un à l'autre, et commençant de sentir la haine pousser et fleurir entre nous comme une plante de faquir miraculeux. Elle descendit, et notre adieu fut un souffle.

Le lendemain matin, j'étais à la porte de mon ami, mais je ne trouvai personne. Je glissai alors un mot où je lui reprochais sa conduite, toutefois en des termes dépourvus de violence. A quoi bon, en effet? Et même pourquoi ces reproches?... Puis je revins me jeter sur mon lit. Je ne m'en suis levé que ce soir, pour venir ici, n'y tenant plus.

— Mais pourquoi ici, fis-je? Vous saviez donc qu'ils y viendraient.

— J'ai oublié de vous dire qu'ils devaient dîner au pavillon d'Armenonville, et j'ai pensé qu'ils se promèneraient naturellement dans cette allée.

— Venez, lui dis-je. Allons où vous voudrez, mais ne restons pas ici. La lune est plus belle encore sur Longchamps, si vous tenez toujours à la regarder... Et que feriez-vous s'ils passaient? Rien. Mais vous donneriez pâture à la douleur que vous logez en vous. Laissez-la mourir de faim!...

Il se laissa entraîner, et il respira l'air à pleins poumons, comme s'il se fût libéré d'un poids trop lourd.

QUATRIÈME NUIT

L'AVENUE Raphaël, à la Muette, est bor-
dée, d'un seul côté, de petits hôtels
dont la plupart évoquent les villes d'eaux
par leur style de villas cossues mais co-
quettes, et aussi par leurs stores rayés
de diverses couleurs qui semblent gon-
flés d'une brise marine. Le matin et
l'après-midi, une foule d'enfants y jouent
sur les pelouses d'en face. Le soir on y
voit peu de monde, couples bourgeois
que la fatigue des années empêche de
pousser jusqu'au lac, femmes de chambre

et gens de maison qui ébauchent des
aventures sur les bancs et doivent reprendre leur servitude avant l'heure de
fermeture des théâtres. Tout enfin y
respire le calme, et, somme toute, l'hon-
nêteté. Un tramway, qui transporte dans
le centre environ cinquante personnes
par jour, trouble à peu près seul le silence, les enfants mis à part, encore que
ceux-ci soient trop bien élevés pour
avoir le goût et la santé des jeux bruyants.

Je m'étais assis là, le lendemain de ma
rencontre avec mon ami Morand, et
j'attendais minuit pour me rendre au
Pavillon-Royal, où je devais recevoir des
instructions pour une affaire qui ne re-
garde que moi.

Pourquoi étais-je justement assis devant le N°..... de l'avenue Raphaël? Je
connaissais très bien de vue et de réputation le propriétaire de cet hôtel, vieux
hobereau de province qui l'avait acquis
deux ans avant de mourir, et qui avait
rendu son âme à Dieu, car il était très

catholique, un mois auparavant que je fusse là, dis-je, en rêveur solitaire, en « spectateur nocturne », comme mon grand-père Nicolas.

Ce hobereau de province se nommait M. de Bourbillon. Il avait vécu presque toute sa vie dans un château des environs d'Orbec, ayant perdu sa digne épouse avant la majorité de ses deux filles, et menant une existence scandaleuse avec des servantes qu'il allait racoler dans les mauvais lieux d'alentour, le plus souvent à Lisieux, rue du Pont-Mortain, si je ne m'abuse, ces mauvais lieux où se rencontrent, devant une partie de manille, les gens les plus honorables, cependant que la patronne se livre au tricot et qu'un piano mécanique joue, dans le salon à côté, des danses américaines sur un rythme de pas de charge.

Ces servantes-maîtresses jetaient la perturbation dans l'endroit, soit par leurs toilettes, leurs fards et leurs propos de mauvais goût, soit par leur conduite éhontée. Et ces créatures ne se gênaient pas pour bazarder ceci ou cela du château, qui une paire de chandeliers de vermeil, qui des boîtes d'écaille à miniatures, qui des bouquins reliés aux armes, des brimborions que les antiquaires revendent des prix scandaleux, et même de l'argenterie, ces vieilles pièces lourdes comme des haltères, relevées en bosse et burinées d'entrelacs qui font trembler les mains des vieillards, les couvrent de taches et les font passer pour gâteux avant l'âge. Et non contentes de dévaliser leur maître, ces servantes le couvraient encore de ridicule et d'abjection : un dégoûtant qui avait des manies pour n'arriver à rien, et dont l'haleine empestait un relent de vieux puits, un vieux puits plein de vase et de chiens crevés! Et ces garces-là se soûlaient au cabaret avec les rouliers, les goujats de ferme et autres galapiats. C'était alors un beau charivari tout retentissant de gaudrioles et de basanes taillées au revers de la cuisse : « Et v'lan ! Voilà pour M. le Marquis ! Et m....! voilà pour les curés et la Religion... »

La Religion, le marquis l'honorait de toute sa ferveur. Il écoutait la messe chaque matin dans la petite chapelle du château, et ces messieurs, le curé et le vicaire, en tiraient bons dîners et bénéfices, servis à table par l'une de ces putes à parfums qui leur ricanait dans le dos. Ils savaient bien à quoi s'en tenir, de la vie de leur hôte, mais ils n'osaient lui en faire de remontrances, d'autant que ses filles n'étaient sorties du couvent que pour se cloîtrer d'une autre façon, en attendant le mariage et la trentaine, chez des oncle et tante où venait les voir M. de Bourbillon, tout confit en bon esprit et bonnes manières. Les oncle et tante et les messieurs prêtres qui n'osaient rien dire avaient bien essayé de trouver un parti à M. de Bourbillon : des veuves quadragénaires qui, elles aussi, avaient des titres, des rentes et des châteaux. Mais M. de Bourbillon aimait mieux les servantes habiles à satisfaire les « idées » des vieux hommes, et il ne se souciait pas d'une épouse qui couche avec des tricots, une marmotte, et de ces chemises de chasteté comme on en confectionne encore dans les ouvroirs. M. de Bourbillon devenait cramoisi quand on lui parlait de mariage, et il secouait la tête négativement. C'est qu'il voyait en esprit les belles démones, toutes nues sous le baldaquin de son lit, insultant par leurs fesses et leurs tétons au portrait de la marquise qui se morfondait dans son cadre, modeste sous ses bandeaux démodés, et plate sous son corsage strictement fermé au menton par un camée de sa grand'mère. Elles insultaient encore à la maigreur d'un Christ d'ivoire jauni, que M. de Bourbillon tenait à voir là, au-dessus de sa couche, afin de témoigner de ses bons sentiments quand le médecin ou le curé le venaient assister au fort de ses maladies de bronches, de nerf sciatique et de vessie.

De temps à autre, le marquis congédiait, avec les plus grandes difficultés, la servante qui le trahissait et le couvrait d'injures en le quittant, d'injures et de basses révélations devant la valetaille goguenarde. Il faisait alors le vœu de se mieux conduire, de ne plus se donner en spectacle et peut-être de prendre femme. Mais cet état de repentir aux communions fréquentes ne durait pas longtemps. On mesurait son déclin aux réabonnements que M. de Bourbillon, château de Mortfontaine, à Orval, Calvados, prenait à des publications illustrées qui ne lui parvenaient pas régulièrement, car le facteur jugeait séant d'avoir aussi sa part de « rigolade », et encore les domestiques qui s'en ébaudissaient sous les toits, à la lueur des chandelles. Il faisait venir également des livres défendus, de ceux dont on trouve l'annonce alléchante dans les réclames

des journaux susdits, des photographies
de nudités, et certains objets de recluse
ou de fille impatiente dont parlent
Lucien, Brantôme et Sigogne. S'il se fût
trouvé d'habiles miroitiers dans la région, il aurait fait lambrisser sa chambre
de ces miroirs grossissants que décrit
Sénèque au chapitre premier de ses
Questions naturelles, encore qu'il n'affi-
chât pas le goût de pédicateurs et des
exolètes, lesquels, d'ailleurs, ne se rencontrent pas aisément dans le fond des
terres... Cependant, il y pensait, comme
il appert de ce que j'ai dit plus haut, et
sur quoi je m'en voudrais d'insister. Et
quand le barbon s'était bien peuplé l'esprit d'indécences, d'images spintriennes,
quand sa pauvre tête chauve menaçait
d'éclater sous les ruades de milles jambes
luxurieuses, il quittait la bibliothèque
du château où il s'était enfermé des mois
entiers, et courait derechef se choisir une
servante dans un bouge.

Une des demoiselles de Bourbillon

avait fini par se trouver un époux. Il en était temps, car elle commençait de se consumer; des sérosités noirâtres envahissaient les ailes de son nez, son front et son menton, et ses dents jaunissaient, pareilles à celles des vieux chevaux. Sa sœur lui ressemblait comme une jumelle. Aussi trouva-t-elle un courtisan dans le frère de l'honnête homme qui convolait avec son aînée d'un an. Ce fut à cette époque que les filles demandèrent des comptes à leur père, en vue de leur établissement, exigence qu'elles n'auraient pas témoignée si le célibat les eût conservées dans leur famille maternelle. M. de Bourbillon dût abandonner le château de sa femme à l'une, et à l'autre une gentilhommière de la région, enfoncée dans des marécages et que n'habitaient plus que les corneilles, les rats, les scolopendres et les cloportes. Il aurait pu demeurer dans l'un des châteaux avec l'un ou l'autre couple, mais il ne pouvait changer ses « habitudes », et personne ne le retint quand il parla de se retirer. On pensa que ce vieux débauché serait mieux ailleurs, encore qu'il portât le mieux du monde, et pour l'honneur des siens, la bannière des processions, le cordon du poêle et la corbeille du pain bénit, et qu'à coup sûr il se serait fait élire sénateur ou conseiller général s'il avait cessé de se corrompre lui-même pour corrompre les autres dans un autre domaine. Ses filles, toutefois, ignoraient la vie scandaleuse de leur père. Elles avaient cédé aux suggestions de la famille, comme elles l'avaient déjà fait en habitant ailleurs, et elles vénéraient un si saint homme qui leur parlait le rosaire à la main et les gratifiait d'images de piété aux coloris suaves, en souvenir d'une « mission » ou d'une retraite.

Au fond, le marquis n'était pas fâché de partir sous un prétexte aussi délicat que celui de ne déranger personne par sa présence. Il rêvait de Paris où la liberté est grande et où l'on satisfait ses désirs à sa guise quand on dispose de solides revenus. Comme il était indolent, et que, d'autre part, on ne saurait prendre une grande résolution tout seul, il s'ouvrit de ses projets à son notaire, M^e Le Renduel. Celui-ci ne fut pas long à lui acquérir l'hôtel dont j'ai parlé, et M. de Bourbillon y installa ses curiosités. Elles remplissaient plusieurs malles.

— Je ne puis, avait-il dit à son gendre, me séparer de mes chères études. J'emporte donc mes papiers et mes livres. Quant au reste, je vous l'abandonne : il deviendra propriété de mes petits-enfants, si la Providence me fait la grâce de m'en accorder !

Voilà donc M. de Bourbillon à Paris, qui, entre mille extravagances, se mêle d'apprendre à danser ! Il fut bientôt célèbre à Montmartre et à Montparnasse, ainsi qu'en des lieux moins publics où les connaissances ne se font pas sous l'invocation de Terpsichore. Et il ne fut pas moins moqué, trompé et vitupéré qu'à Mortfontaine, soit par les gouvernantes, soit par les filles, soit par tous ceux et toutes celles qui vivaient à ses dépens. Mais je ne dépeindrai pas le tableau lamentable d'un vieux débauché de province qui a conservé des illusions et de la gaucherie dans la pratique des voluptés, si j'ose employer ce noble terme pour l'appliquer à des grimaces. Bref, il tomba dans le gâtisme, et finit par ne plus sortir que pour un tour au Bois et dans une petite voiture poussée par un valet de chambre à tête de sacristain, une crapule sournoise qu'on lui avait envoyée de Mortfontaine afin de mieux veiller sur lui et le préserver de ses excès. Moyennant rétribution, il laissait pourtant pénétrer des personnes aimables et des proxénètes. Mais il racontait et le passé et le présent à la valetaille d'alentour, celle qui vient s'asseoir sur les bancs de la Muette et livre sans le vouloir ses secrets aux oreilles du « Spectateur Nocturne ». J'ajoute qu'il arrive qu'on l'y aide...

Le Marquis de Bourbillon fut trouvé mort, un matin, dans sa chère bibliothèque. Il était dans un fauteuil; sur la table, des photographies recroquevillées, un album encore vierge, un pot de colle et un pinceau.

On vint chercher le corps pour l'enterrer là-bas en grande pompe, on ferma l'hôtel et l'on y apposa des scellés. Enfin, dans un petit pavillon de concierge, on mit des gens de confiance.

*
* *

Je me rappelais à moi-même la vie grotesque et lamentable de M. de Bourbillon, avec bien d'autres circonstances que j'omets à dessein pour ne pas tomber dans la banale précision des romanciers qui ont sans doute dépeint ce type de vieillard à plusieurs centaines d'exemplaires, quand je fus surpris de voir une lumière presque imperceptible à travers les persiennes du premier étage. Cette lumière allait et venait ; quelquefois, il s'en faisait une plus vive. Il se peut, me dis-je, que les scellés aient été levés depuis quelques jours, et qu'une fille ou un gendre vaque à ses occupations. Mais les maisons inhabitées ont un air qui ne trompe pas, si bien que l'intrus qui s'y loge, elles le dénoncent au passant, à l'observateur. De même, un visage trahit le chagrin ou une mauvaise pensée qui n'est pas habituelle à l'âme. Mais est-ce le maître : les maisons ont une bonne figure de gaieté et de confiance, fussent-elles fermées. Et combien qui sont les « maisons du crime », garderont cet aspect indéfinissable qui les fait discerner entre toutes, et le garderont malgré de nouveaux crépis, malgré les embellissements ou les changements, malgré la vétusté ?

Je n'irai pas jusqu'à dire que je devinais la présence d'un cambrioleur dans l'hôtel, mais plutôt quelque chose d'anormal, et je crus de mon devoir d'aller réveiller le concierge en sonnant et en frappant au carreau. J'ai d'ailleurs qualité pour cela, bien que j'use de mes prérogatives aussi peu que possible.

— Mon brave, lui dis-je, excusez-moi. Un parent de feu M. le Marquis habite-t-il la maison en ce moment? C'est une question que je vous pose dans votre propre intérêt, car, depuis quelques minutes, j'aperçois de la lumière au premier étage.

— Non, pas du tout! fit un peu rudement cet homme que j'arrachais au sommeil, et assez surpris de me voir me mêler de ses affaires.

— Oh! repris-je pour le rassurer et en prenant le ton du bon garçon, je connais un peu les habitudes de l'hôtel, car je fus mis au courant de bien des choses par Jean-Marie...

C'était le nom du valet à la petite voiture.

— Ah bon! Ah bon! Alors, attendez que je passe des habits... Il se rendit compte et en montra un mélange de confusion, de surprise, de colère et de crainte qu'il traduisit tout d'abord par des exclamations.

— Enfin, dit-il, j'avais pourtant fermé la grille ! Comment n'ai-je rien entendu ?... A quelle heure a-t-il pu entrer comme ça !

Sa femme parut et ce fut à recommencer.

J'étais toujours derrière la grille, le nez en l'air, devant la petite lumière comparable au rayonnement d'une allumette-bougie. Une autre lumière plus vive lui succéda pour un instant.

— Je ne sais, dit le gardien, ce qu'il peut fabriquer là-haut avec ses deux lumières, ce chrétien-là, mais je vais l'attendre à la sortie. Il ne va pas rester là une éternité. Dites-donc, Monsieur, puisque vous êtes si honnête de m'avertir, ça ne vous ferait peut-être rien de m'assister ?

Et, sur mon consentement, il ouvrit la grille.

— C'était pas la peine d'entrer la clef, dit-il, la porte était ouverte. Bien sûr, il n'avait pas à la refermer. On est bête, tout de même!...

— J'ai là, reprit-il, un revolver et une matraque. Vous pourriez peut-être prendre la matraque? On va se poster de chaque côté de la porte, sous la marquise, en se plaquant bien contre le mur. Et toi, dit-il à sa femme, qui tremblait comme la feuille, tu vas tâcher de trouver des agents cyclistes et tu leur diras d'aller chercher du renfort.

Je ne voyais pas là quelqu'un de très rassuré. Aussi j'acceptai la matraque pour lui donner le réconfort moral de deux hommes armés. Avec tout cela, pensais-je, je vais manquer mon rendez-vous, pour peu que cette affaire dure encore vingt minutes. Mais sans doute vais-je avoir à retenir quelque chose d'inté-ressant.

Nous avions beau prêter l'oreille, nous n'entendions aucun bruit d'effraction, seulement un pas léger de temps à autre, et une petite toux sèche. Et j'imaginais le pâle voyou chaussé d'espadrilles que nous cueillerions tout à l'heure avec son butin. Il ne ferait peut-être aucune résistance.

Mais, comment avait-il pu tromper la vigilance du gardien qui, sans être brave, me paraissait consciencieux? Et qui avait indiqué le coup à faire à ce tranquille cambrioleur opérant à son aise et sans grandes précautions? Ce Jean-Marie, dont j'avais invoqué la connaissance, ne me disait rien de bon.

— Eh bien, fit le garde, moi, je suis sûr qu'ils sont deux. Il y en a un qui éclaire l'autre, et cet autre, Monsieur, il essaie de fondre une plaque de coffre-fort avec un chalumeau.

Cela me parut juste et la situation plus périlleuse.

— Savez-vous, reprit mon homme, que M. le Marquis a laissé des choses de grande valeur, qui sont sous scellés, sans quoi, d'abord, on ne les aurait pas mis, les scellés? Naturellement, celui de la porte d'entrée a sauté. Quand je dis naturellement, c'est idiot, car ils auraient pu entrer par une fenêtre ou par le dégagement du service. Quel culot, tout de même!... Dites-moi, Monsieur, vous connaissiez M. le Marquis? Vous êtes peut-être un fournisseur?... Je dis ça à cause de ce que vous m'avez dit de Jean-Marie.

— Ne parlons pas, soufflai-je, ça distrait, vous comprenez?...

Quatre agents cyclistes se montraient à la grille entr'ouverte, et derrière eux le commissaire de police venu par un moyen rapide. Ma foi! un hôtel du Bois, M. le Marquis, la famille, les scellés, cela valait de l'empressement! Ils entrèrent. Le gardien marcha au-devant d'eux.

—Je suis le commissaire. Votre femme a dit aux agents... Alors, prévenu par eux, j'ai fait diligence... Oui, il y a quelqu'un là-haut, ça ne fait pas de doute... Il me faut quatre agents de plus pour garder les issues. Allez voir dehors, vous, avec votre machine, et sifflez, s'il en passe... Ils sont deux, ça ne fait pas de doute. Attendons le renfort, et tenons-nous tranquilles. Revolvers, mes amis... car ils vont se défendre, ça ne fait pas de doute...

La gardienne arriva en se tenant le sein gauche et en soufflant.

— Oh! moi, vous savez, Monsieur le Commissaire, Messieurs les Agents, tout ça me tourne les sangs, et j'ai couru, j'ai couru!... Moi, je vais rentrer chez moi... Ah! mon Dieu! mon Dieu! qu'est-ce qui va se passer? Je suis morte...

La lumière se voyait toujours, et, presque régulièrement, la plus grande jetait un éclat fugitif.

Les quatre agents arrivèrent avec celui qui était allé les chercher.

— Je vais toujours donner un coup de sifflet, fit le commissaire. Ça leur fera peut-être peur. Ou du moins nous verrons s'ils éteignent. Avant, fermez la grille à clef, concierge. Un homme dans le coin, là, deux à la porte de côté, un qui croisera devant l'hôtel. Et les autres pour me suivre. Vous y êtes? Il siffla de son sifflet à roulette, juste devant la fenêtre éclairée. La lumière s'éteignit.

— Il n'y a pas de doute, fit le commissaire, sans que l'on pût comprendre de quoi il ne doutait plus.

— Attention à la porte de service, continua-t-il. Attendons.

Nous attendîmes dix minutes, au bout desquelles la petite lumière se ralluma.

— Alors, allons-y! ordonna le commissaire.

Et, s'adressant au gardien :

— Vous, mon brave, vous marcherez devant, rapport aux commutateurs. Je ne sais pas où ils se trouvent, moi, vous comprenez?...

— Oui, Monsieur le Commissaire...

Le pauvre homme n'en menait pas large, et, malgré tout le respect que je nourris pour la police, je dois dire que le commissaire sentait que l'heure était grave.

Nous entrâmes derrière le gardien qui tourna le robinet électrique. Ils étaient six hommes, le revolver au poing, qui se regardaient d'un air hébété sous la lumière aveuglante.

Mais, avant de monter, comme il en eût une seconde l'intention, le commissaire cria par deux fois :

— Qui est là ?... Qui est là ?...

Pas de réponse.

— Au nom de la Loi! reprit-il, répondez!... Qui est là ?...

Pas de réponse.

— Il n'y a plus de lumière, cria un agent du dehors.

Le commissaire se gratta l'oreille.

— Allez! marchez devant! dit-il au gardien devenu blême. Les autres me suivent. Et vite!...

En cinq ou six enjambées, nous escaladâmes le premier palier qui donnait sur un vestibule dont les deux tiers demeuraient dans les ténèbres.

— Tournez donc le commutateur !

souffla le commissaire. On se ferait tuer comme rien là-dedans. Bon! A quelle porte correspond la pièce, maintenant?

— A celle-ci, gémit le gardien qui se colla contre le mur, autant pour se soutenir que pour éviter un mauvais coup.

— Au nom de la Loi! cria le commissaire devant la porte et placé entre ses quatre agents aux revolvers prêts à faire feu. Au nom de la Loi, qui est là?

Alors, on entendit un pas un peu traînant, un pas de vieillard, et une petite voix toussotante et flûtée.

— Mais c'est moi! c'est moi!

Et la porte s'ouvrit. Dans l'encadrement parut un personnage à la fois imposant et ridicule par sa noblesse surannée. Il était vêtu d'une ample redingote ouverte sur une cravate blanche et un gilet de piqué blanc. Son pantalon gris perle retombait sur des souliers vernis à guêtres blanches. Une rosette d'officier ornait sa boutonnière. Des favoris d'argent en crosses de pistolets encadraient son doux visage rose où se lisait un étonnement mêlé d'impatience. Enfin, il tenait à la main une de ces petites bougies de cire dont on se sert pour illuminer les crèches de Noël, et il y avait adapté une bobèche de bristol, vraisemblablement faite d'une carte de visite, par précaution contre les taches.

— Qui, vous? Qui, vous? hurla le commissaire. Qu'est-ce que vous foutez ici? Vous n'êtes pas un apache, il n'y a pas de doute! Mais, au nom de la Loi!...

— Monsieur, siffla l'auguste vieillard, qui formait de sa main libre un cornet acoustique contre son oreille, commencez par n'être pas impertinent. Hem! Hem!... Je suis Mᵉ Le Renduel, notaire à Bernay, officier de la Légion d'honneur et Président de la Société d'Élevage et d'Agriculture de mon département. J'ai d'autres titres, Monsieur, mais ceux-ci doivent vous suffire... Et qu'est-ce que c'est, s'il vous plaît, que tous ces pistolets?

— Mais enfin, reprit le commissaire

en faisant un signe discret à ses agents
de rentrer leurs armes et mettant, un peu
confus, la sienne dans sa poche, mais enfin, que faites-vous ici, M^e Le Renduel?
Oui, M^e Le Renduel, jusqu'à preuve for-
melle d'état-civil...

— Je suis, Monsieur, dit M^e Le Renduel
qui s'approcha de la table après avoir
donné de la lumière et toussé un peu, je
suis le notaire de feu M. le Marquis de
Bourbillon et celui de toute la famille,
laquelle je m'efforce de servir de mon
mieux en la circonstance.

Il s'appuyait du bout des doigts contre
la table, dodelinant la tête à droite,
à gauche et au centre pour ponctuer sa
phrase, tout comme s'il se fût adressé à un
auditoire considérable, au début d'une
péroraison. Un cigare posé sur un cen-
drier continuait de fumer et luttait
d'arome contre une affreuse odeur de
caoutchouc, de cuir et de papiers brûlés
qui faisait tousser tout le monde.

— Je veux bien vous croire, M^e Le

Renduel, mais votre présence ici, même justifiée par la qualité que vous vous donnez, est contraire à la Loi, et vous le savez mieux que personne, il n'y a pas de doute. Et, d'abord, vous venez d'en donner la preuve en ne répondant pas à la sommation d'un magistrat, Mᵉ Le Renduel. Pourquoi ne répondiez-vous pas?

— Je suis un peu dur d'oreille, riposta le notaire avec un charmant sourire, et si l'on crie, Monsieur, je n'entends plus du tout. Il suffit d'élever un peu le ton, simplement!...

— Oui, oui, vous raillez, il n'y a pas de doute, Mᵉ Le Renduel. Cependant, pourquoi avez-vous éteint la lumière que vous teniez quand j'ai sifflé, et pourquoi ne vous servîtes-vous pas de l'électricité? Et pourquoi venir subrepticement ici, je veux dire sans vous présenter au gardien que voilà? Mᵉ Le Renduel, il n'y a pas de doute, je suis contraint de vous dresser procès-verbal. Veuillez, je vous prie, me...

— Arrêtez, Monsieur, répondit M^e Le Renduel, vous allez déshonorer toute une famille!...

Et il éleva la main d'un geste imposant qui fit rentrer au commissaire le papier qu'il tirait déjà de sa poche.

— Oui, reprit-il, j'avoue que je suis venu ici subrepticement. C'est-à-dire que personne ne m'a arrêté quand j'ai ouvert la grille et la porte au moyen des clefs que la famille m'avait confiées sur ma demande. Aperçu et questionné par le gardien, je lui aurais fait part du but de ma visite, en le déguisant quelque peu. En tous cas, Monsieur le Commissaire, je désire avant de m'expliquer plus avant, que ce serviteur se retire chez lui pour y redormir de son profond sommeil, car, si je lui eusse exposé à ma façon les raisons qui m'ont amené, leur caractère confidentiel, il ne doit pas le connaître.

— Éloignez-vous, mon ami, fit le commissaire au gardien.

Quant à moi qui m'attendais à subir le même sort, j'avais déjà tiré ma carte de préfecture et la montrais au commissaire dans le creux de ma main. Il me fit un signe discret par quoi je fus autorisé de rester.

— Vous ignorez, peut-être, Monsieur le Commissaire, que feu mon client, M. le Marquis de Bourbillon, avait certaines faiblesses de l'esprit et de la chair qui n'étaient plus de son âge...

— Je n'ignore rien, Me Le Renduel. M. de Bourbillon, à qui vous montrez une indulgence tout oratoire, était simplement un débauché, un détraqué soumis à la surveillance de la police des mœurs, et à qui il serait arrivé quelque sale histoire un jour ou l'autre s'il n'avait eu le bon esprit de mourir. Et j'ajoute que je sais fort bien, Me Le Renduel, à quoi il occupait sa veillée quand la mort est venue le surprendre. C'est un avantage que j'ai sur vous, il n'y a pas de doute!...

— Non, Monsieur, reprit le notaire. Et c'est justement à cause des... collections... mettons d'objets d'art, auxquelles vous faites allusion, que je suis ici.

Et Mᵉ Le Renduel s'écarta de la cheminée où s'entassaient des papiers brûlés, parmi lesquels on distinguait encore des lambeaux d'estampes épargnés par le feu, des pellicules de photos toutes raccornies, et, trouant le noir amas des cendres, le chef purpurin du Dieu de Lampsaque, que la flamme avait boursouflé, mais triomphant encore, et exhalant, tel un cratère, des vapeurs infernales.

Mᵉ Le Renduel abaissa sur cette image le rideau de la cheminée en appuyant le pied contre la coquille de cuivre.

— Ainsi, Monsieur le Commissaire, poursuivit-il sans sourciller, les mains passées derrière le dos sous son ample redingote, vous pensez bien qu'il n'était pas possible de laisser aux filles du défunt le soin de découvrir ces turpitudes, à elles, à ses gendres ou ses alliés. Quel scandale, Monsieur, non seulement familial, mais encore dans le pays, si pareille découverte était répandue par la maladresse ou la malignité!... Tout ne tient pas dans le foyer, Monsieur. J'ai brûlé plusieurs kilos d'autres choses, qu'à l'aide d'une pelle à feu j'ai tassées dans de vieux numéros de la *Croix* lorsqu'elles furent consumées. Voyez cette bibliothèque : cela se trouvait, du haut en bas, derrière les premières rangées de livres. Parmi ces livres, il en est qui ont eu le même sort. Mais ce que je n'ai pu détruire, je l'emporte dans cette valise pour le briser chez moi. Voyez, Monsieur le Commissaire...

Et Me Le Renduel ouvrit une valise à soufflets d'où s'échappèrent des moulages du Musée Secret de Naples, phallus et ctéïs adornés de sonnettes et tintinnabulant d'allégresse.

Nous ne pûmes nous retenir de rire. Le notaire, toutefois, conservait son sérieux imperturbable.

— Maintenant que j'en ai terminé, continua-t-il, et que j'estime, en mon âme et conscience d'honnête homme, avoir entrepris cette besogne répugnante pour sauvegarder l'honneur et la pudicité de mes clients, sans aucun préjudice à leurs droits d'hoirie, je me permets de vous demander, Monsieur le Commissaire, si vous estimez devoir mettre à exécution le projet dont vous me menaciez tout à l'heure, moi, Mᵉ Le Renduel, notaire à Bernay, officier...

— Non, Mᵉ Le Renduel. Nous allons nous retirer. Mais je vous conseille tout de même de ne pas oublier les scellés que vous n'avez si bien détachés que dans le dessein de les recoller avec exactitude, il n'y a pas de doute. Adieu, Mᵉ Le Renduel. Si le commissaire ne peut vous approuver, l'homme sollicite de vous serrer la main!...

Voilà, pensai-je, bien des tracas, bien des discours et des simagrées pour une dizaines de livres de cendres et le bonnet de Messer Priapus, auraient dit Marot et La Fontaine!

Je courus au Pavillon-Royal, après m'être entretenu quelques instants avec le commissaire, mais je ne trouvai plus personne...

TABLE

JUSTIFICATION DU TIRAGE

Cet ouvrage, le sixième de la collection « Suppléments à quelques œuvres célèbres », dirigée par MM. André Billy et René Dumesnil, a été imprimé sur les presses de Ducros et Colas, imprimeurs à Paris. Les gravures de J. Laboureur ont été imprimées sur les presses de J.-J. Taneur, imprimeur en taille-douce à Paris. Il a été tiré de cet ouvrage : 25 exemplaires sur Japon Impérial (avec une suite), numérotés de 1 à 25 ; 75 exemplaires sur Hollande Pannekœk, numérotés de 26 à 100 ; 1100 exemplaires sur vergé à la forme de Rives, numérotés de 101 à 1200 ; et 60 exemplaires hors-commerce sur différents papiers, numérotés de I à LX.

N° XXVII

www.ingramcontent.com/pod-product-compliance
Lightning Source LLC
LaVergne TN
LVHW050756200726
843507LV00001B/135